文史哲學集成

李立信著

杜詩流傳韓國考

文史哲出版社印行

文史哲學集成 ㉕

杜詩流傳韓國考

著 者：李 立 信
出 版 者：文 史 哲 出 版 社
登記證字號：行政院新聞局局版臺業字〇七五五號
發 行 所：文 史 哲 出 版 社
印 刷 者：文 史 哲 出 版 社
台北市羅斯福路一段七十二巷四號
郵撥〇五一二八八一二彭正雄帳戶
電 話：三 五 一 一 〇 二 八

實價新台幣三六〇元

中 華 民 國 八 十 年 四 月 初 版

ISBN 957-547-041-9

杜詩流傳韓國考 目次

第一章　緒　論

第一節　中韓兩國的血緣關係

從近代歷史的發展來看，中韓兩國的關係固然極爲深遠；如果追溯到古代，不僅關係比現在更爲密切，甚至幾乎可以視爲一體了。

從地理環境上來說，中韓兩國國土相連，都在同一塊土地上生活，自然有許多類似之處。也正因爲這個緣故，所以無論從那一方面來說，韓國都很早就受到我國的影響，甚至根深蒂固，融合爲他們生活中的一部分。這種關係，遠非同樣受到中華文化薰陶的日本及越南等國所能相提並論的。

翻開中、韓兩國早期的歷史，會讓我們很自然的產生一種同文同種、血濃於水的認同感。關於韓人的開國傳說，固然有主「檀君」一說，①但「箕子」說似更近於眞實，而且也有史籍可資印證。史記云：

武王旣克殷，訪問箕子……於是武王乃封箕子於朝鮮，而不臣也。②

其後，在漢書裡面，也有同樣的記載：

玄菟、樂浪，武帝時置，皆朝鮮濊貉句驪蠻夷。殷道衰，箕子去之朝鮮，教其民以禮義、田、蠶織作。③

以上史書所載，都明言箕子王朝鮮的史實。或以爲這全是我國史書，恐過於主觀，但韓國歷代的史書中，也有類似的記載。如東國史略云：

箕子率中國五千人，避地朝鮮……遂都平壤。④

不僅說到箕子王朝鮮，連建都的地點也明確的指出。又高麗史云：

平壤府，本三朝鮮舊都，唐武戊辰歲，都平壤。號壇君，是爲前朝鮮；周武王克殷，封箕子於朝鮮，是爲後朝鮮。⑤

這是比較中庸的說法。將「壇君」與「箕子」兩說兼容並蓄。李朝世宗實錄中，記載了世宗命當時文壇名家卞季良撰箕子廟碑云：

……宣德三年，歲在戊申，夏四月甲子。國王殿下傳旨。若曰：「昔周武王克殷，封殷太師於我邦，遂其不臣之志也。吾東方文物禮樂，侔擬中國。迭今二千餘祀，惟箕子之教是賴。顧其祠宇隘陋，不稱瞻式。我父王嘗命重營，予承厥志而督之，命告成矣。宜　諸石，以示永久。史臣其文之……。⑥

前面兩例，是一般史學家的看法，而這一段出自世宗實錄的文字，正代表著在位者的意見，這是不容忽視的。世宗大王不是一個庸君，在李朝歷任國君當中，他是最突出的一位。韓國文字就是由他一手推動創造出來的。韓國有一部分史學家認爲，世宗大王因爲採行親中國的政策，所以他只好承認箕子，甚至爲他立碑立廟。我以爲這種說法是出自於狹隘的民族意識的作祟，因爲世宗大王是最具有民族意識的一位國君，當時擬創韓國文字時，遭到許多大臣的反對，如崔萬里就是反對最力的人之一⑦。以爲是一種捨中國而同於夷狄的作法，可是世宗大王仍堅持要頒布「訓民正音」（即韓國文字）。可見世宗大王寧願「捨中國而同於夷狄」，具有堅強的民族意識。但是他以國君的身份，不僅承認箕子之說，且對箕子極度尊崇，爲之立碑立廟。可見此事的眞實性是不容懷疑的。東國通鑑甚至將韓國早期禮樂制度建全之功，全歸之於箕子：

> 箕子率中國五千人入朝鮮，其詩、書、禮、樂、醫、巫、陰陽、卜筮之流，百工技藝，皆從而往焉。既至朝鮮，言語不通，譯而知之。教以詩書，使其知中國禮樂之制、父子君臣之道，五常之禮。教以八條……鄰國皆慕其義而相親之，衣冠制度，悉同乎中國。故曰：詩書禮樂之邦，仁義之國也。而箕子始之，豈不信哉！⑧

此外，李粟谷有箕子實紀，徐命膺撰箕子外紀，都一致將朝鮮開化之功，歸於箕子。退一步說，就算箕子不是朝鮮半島上開國之君，但箕子率五千人到朝鮮，對韓國早期的開化，發生了極大影響，這總是個事實吧？由此出發，後來韓國之所以會全面漢化，就不難理解了。

一方面由於我國與韓國國土相連，往來交通至爲便利，再方面由於箕子來自我國，所以從箕子時起，韓國與我國無論各方面的接觸，都必然日益頻繁。范曄的後漢書已經注意到了此一現象：

昔箕子違衰殷之運，避地朝鮮，始其國俗未有聞也。及施八條之約，使人知禁，遂乃夜無淫盜，門不夜扃……其後遂接通商賈，漸交上國。⑨

可見朝鮮在西元前一千餘年，即已與我國「通接商賈」。由日本考古學家滕田亮策，在朝鮮發現了數千枚春秋時代燕國貨幣「明刀錢」⑩，即可有力證明朝鮮在春秋時代即已與我國「通接商賈」。可見兩國接觸甚早。而且在日據時代，日本考古學家在朝鮮從事大規模考古活動，曾在樂浪遺跡發現許多漢代遺物⑪。顯然，在漢武帝置四郡後，朝鮮與我國往來更爲頻繁。兩晉以後，我國勢力逐漸退出朝鮮半島，但朝鮮與我之交通及商賈往來，並不因此而中斷，相反的，到了唐、宋，中、韓無論是官方或民間的往來，都發展到了空前的繁榮局面。而且，比以前更爲華化。三國史記云：

新羅之初，衣服之制不可考也。至第二十三葉法興王，始定六都人服色，尊卑之制，猶是夷俗。至真德王在位二年（西元六四八），金春秋入唐，請襲唐儀，玄宗皇帝詔可之，兼賜衣帶……自此已後，衣冠同於中國。⑫

不僅新羅如此，高麗朝亦如此。高麗史云：

東國自三韓儀章服飾，循習土風。至新羅太宗王，請襲唐儀，是後冠服之制，稍擬中華。高麗太祖事多草創，因用羅舊。」⑬

李朝太祖實錄、端宗實錄、成宗實錄、中宗實錄及孝宗實錄中，亦每多韓人衣冠制度襲仿我國之紀錄⑭。

韓國高句麗本出扶餘，扶餘向來就沒有姓氏，據日人那珂通世的考證，高句麗從四世紀中故國原王時，已漸用漢式姓名，且改用漢姓⑮。百濟情形亦一如高句麗。新唐書云：

> 新羅王姓金，貴人姓朴，民無氏有名。⑯

李重煥八域志亦云：

> 新羅未通中國，始制姓氏，然僅士官與士族略有之，民庶則皆無。至高麗混一三韓，始仿中國，頒姓於八路，人皆有姓。

不僅姓氏仿我國，凡我國所有之節日，韓國也一應具全，如元日、上巳日、端午、百中（七月十五）、秋夕（八月十五日）、重陽等，韓人均甚重視。如韓國增補文獻備考云：

> 世宗六年（一四二四），右議政柳寬引韓愈太學彈琴詩序，且引宋太宗朝賜酺故事，請以三月三日、九月九日爲令節，使大小臣僚選勝遊樂，以形容太平氣象。從之。⑰

這些中國節日，有一部分甚至保留到現在，仍爲韓人所重視。如端午、中秋等，至今韓人仍頗重視。

新羅智證王五年（西元五〇五），仿我國制定喪服法，十五年（西元五二〇），又仿行諡法。東史會綱云：

> 三國自有國以來，王薨無諡。高句麗首以園陵爲號，其後，麗自廣開土，凡薨王別上號，其法

頗仿於謚，至是羅王薨，群臣上巳日智證。濟王之薨亦有謚，東方謚法始此。⑱

我國謚法始於周朝（約當西元前六七世紀），較韓人早了一千年以上。到了法興王二十三年（西元五三六），又仿我國開始使用年號，稱建元元年。我國自漢武帝開始使用年號（西元前一四〇）稱建元元年。可見韓人用年號不僅仿自我國，甚至連年號名稱都一字不改的襲用。到了眞德王四年（西元六五〇）甚至行我國年號。爾後一切文物禮制，悉以我國爲準。現今全唐文卷一〇〇〇，載有高麗王王建訓要十首。其中第四首云：

惟我東方，舊慕唐風，文物禮樂，悉尊其制。

三國遺事，亦有相同之記載：

（慈藏）嘗以邦國服章，不同諸夏，舉議於朝，簽允曰：「臧」。乃以真德王三年己酉（唐貞觀二十三年），始服中朝衣冠。明年庚戌，又奉正朔，始行永徽號。自後每有朝覲，列在上蕃，藏之功也。⑲

新羅統一三國後（西元六六九），更積極的將官制及地方州縣名，都以唐制爲準，加以改定。至於學制，也於神文王二年（西元六八二），仿唐置國學。元聖王四年（西元七八八），仿唐制設讀書出身科。三國史記記其事云：

元聖王四年春，始定讀書三品以出身。讀春秋左氏傳，若禮記、若文選，而能通其義，兼明論語、孝經者爲上；讀曲禮、論語、孝經者爲中；讀曲禮、孝經者爲下。若博通五經、三史、諸子百家者，超擢用之。前祇以弓箭選人，至是改之。⑳

這明顯的就是科舉的前身。到了高麗元宗九年（西元九五八），正式實行科舉取士，設製述（相當唐之進士科）及明經二科。前者試策論及詩文，後者試經義。高麗史記其事云：

三國以前，未有科舉之法。高麗太祖首建學校，而科舉取士未遑焉。光宗用雙冀（後周使臣）言，以科舉選士，自此文風始興。大抵其法頗用唐制。其學校有國子學、大學、四門，又有九齋學堂，而律、書、算學皆肄國子。其科舉有製述、明經二業……。㉑

由以上之史書記載可知，韓人之學校、科舉，及所讀之書籍，全以唐制爲準。和我國制度完全沒有區別，士大夫所讀的書，完全是我國的經典。不僅如此，我國歷代讀書人，乃至在位者，都尊崇孔子，而韓國人也同樣的尊孔。先看兩段韓國的文獻記載：

聖德王十六年（西元七一七）秋九月，入唐大監守忠回，獻文宣王（即孔子）、十哲（配享孔廟者），七十二弟子圖，即置於大學。㉒

又韓國增補文獻備考云：

東國自麗初立廟於國子監。三國史雖不言立廟，而新羅聖德王時，奉安夫子像於大學，則亦必有享禮矣。唐開元二十七年，尊爲王，謚「文宣」，宋真宗大中祥符元年，加謚「玄聖」，五年，以玄字犯諱，改稱「至聖」。元武宗加謚「大成」，我國亦遵用焉。㉓

從這兩段文字可知，韓國人自新羅聖德王十六年（西元七一七），即已奉祀孔子，爾後歷久不衰，到了後來的李朝，更可謂以儒立國，對孔子之尊崇，與前朝相比，只有過之，絕無不及。

韓國之所以能華化得如此徹底，主要原因之一乃是韓人自從在朝鮮半島立國以來，就一直使用我國文字，直到李朝世宗大王時，才命朝臣創制自己的文字。當時爲了擺脫中國文字，還引起了相當大的反彈。如當時的集賢殿副提督崔萬里，就曾上書極力反對：

我朝自祖宗以來，至誠事大，一遵華制。今尚同文同軌之時，創作諺文（即韓文），有駭視聽……自古九州之內，風土雖異，未有因方言而別爲文字者，唯蒙古、西夏、女真、日本、西蕃之類，各有其字，是皆夷狄事耳，無足道者。傳曰：「用夏變夷，未聞變於夷者也。」歷代中國，皆以我國有箕子遺風，文物禮樂，比擬中華，今別作諺文，捨中國而自同於夷狄，是所謂棄蘇、合之香，而取螳螂之丸也。豈非文明之大累哉。㉔

韓人對中國文字具有如此根深蒂固的觀念，他們將中國文字完全視同本國文字。由於文字相同，所以由文字寫成之書籍，乃至文學作品，當然也無一不同了。韓國所有的歷史名著，不僅體裁全仿我國，甚至連書名也和我國大同小異，如三國史記、東國通鑑等；我們有昭明文選，韓人也有東文選；我們有各種詩話，韓人也有各種詩話（詳見第四章）；我們科舉考詩、賦，韓人科舉也考詩賦。

文字相同，文化背景相同，一切民情風俗也大致相同，所以中、韓兩國，不僅在種族上有血緣關係，「文學」自然也是最具有血緣關係的一環。

【附　註】

①有關檀君開國的傳說，最早見於高麗僧一然所著的三國遺事卷一：魏書云：乃往二千載，檀君王儉，立都阿斯達，開國號朝鮮。與高（按：即唐堯也）同時。古記云：昔有桓因，庶子桓雄，數意天下，貪求人世，父知子意，下視三危大伯，可以弘益人間，乃授天符印三箇，遣往理之。雄率徒三千，降於太白山頂，神壇樹下，謂之神市，是謂桓雄天王也。將風伯、雨師、雲師，而主穀、主命、主刑、主善惡，凡人間三百六十餘事，在世理化。時有一熊一虎，同穴而居，常祈於神雄，願化爲人。時神遣靈艾一炷，蒜二十枚，曰：爾輩食之，不見日光百日，便得人形。熊虎得而食之，忌三七日，熊得女身；虎不能忌，而不得人身。熊女者無與爲婚，故每於檀樹下，咒願有孕。雄乃假化而婚之，孕生子，號曰檀君王儉。以唐高即位五十年康寅，都平城壤，始稱朝鮮……周虎王即位己卯，封箕子於朝鮮，檀君乃移於藏唐京，後還急於阿斯達爲山神，壽一千九百八歲。徐居正之東國通鑑，亦有類似之記載。

②史記宋徽子世家。

③漢書地理志燕地條。

④李朝史家兼詩人權近所撰。

⑤鄭麟趾高麗史地理志。

⑥ 世宗實錄卷四十世宗十年四月條。

⑦ 世宗實錄卷一百三十，甲子二十六年二月庚子條載崔萬里等上疏文，見本文頁八。

⑧ 東國通鑑外紀，箕子朝鮮篇。

⑨ 後漢書東夷傳。

⑩ 見日本京城帝國大學文學會論叢第七輯，藤田亮策撰「朝鮮發現の明刀錢とれの遺跡。

⑪ 見朝鮮總督府古蹟調查特別報告第四冊。又明刀錢及漢代遺物兩說皆據朱雲影先生中國文化對日韓越的影響頁五二一、五二二。

⑫ 三國史記卷二十三，雜志第二。

⑬ 高麗史卷七十二輿服志。

⑭ 如太祖實錄卷八、端宗實錄卷十二、成宗實錄卷二百七十七、中宗實錄卷八十三、孝宗實錄卷十八等均有此類紀錄，唯文繁不再贅引。

⑮ 見那珂通世遺書頁二〇三。說詳註⑪頁五九九——六〇〇。

⑯ 見新唐書新羅傳。

⑰ 韓國增補文獻備改卷七十六禮考二十二。

⑱ 林象德撰東史會網卷二新羅智證王十五年條。說詳注⑪頁四一八。

⑲ 三國遺事卷四，慈藏定律條。

⑳ 三國史記卷十新羅本紀。

㉑ 高麗史卷七十三選擧志一。

㉒ 三國史記新羅本紀第八。

㉓ 韓國增補文獻備考卷二百零四，學校考三文廟條。

㉔ 朝鮮世宗實錄卷一百零三，甲子二十六年二月庚子條。

第二節　唐詩傳入韓國概說

中、韓兩國之血緣關係，已如前節所述。而早在新羅時代，韓國就曾派了大批留學生入唐求學，其中得中科擧而可考的，就有五十八人之多①。唐會要中就曾紀錄新羅留學生的事：

貞觀五年以後，太宗數幸國學，太學遂增築學舍一千二百間……已而，高麗、百濟、新羅、高昌、吐蕃諸國酋長，亦遣子弟入國學。②

可見韓國在新羅統一三國之前，就已派遣子弟入唐國學，這些人自然是要參加科考的。又

開成二年三月，……新羅差入朝宿衛王子，並准舊例割留習業學生，並及先住學生等，共二百十六人，請時服糧料。又請舊住學習業者放還本國……。③

足見留學生之衆多。這些留唐的韓國學生，結交了許多中國文士。在全唐詩裡頭，仍然留下許多他們

和中國文士交往的詩篇，特別是他們考上中國科舉後，將衣錦榮歸，這時，中國文士往往以詩相贈，以壯行色。如：

△章孝標　送金可紀歸新羅④

詩中有「登唐科第語唐音」句，是知必已登弟。

△張　喬　送人及第歸海東⑤

唐人文中所稱「海東」、「日東」、「東方」等，皆指韓國。因韓國在我國東方，所以韓人亦每以「東人」、「東國」、「東」自稱。詩云：「東風日邊起，草木一時春，自笑中華路，年年送遠人」。末句所謂「年年送遠人」可知新羅學子入唐留學並應舉的風氣，必然十分流行。

△杜荀鶴　送賓貢登第後歸海東⑥

△張蠙　送友人及第歸新羅⑦

△貫　休　送新羅人及第歸⑧

例子太多，不勝枚舉。也有落第返國者。如：

△許　渾　送友人罷舉歸新羅⑨

詩題明言「罷舉」，可知爲落第返國。

△貫　休　送新羅生歸本國⑩

從詩歌內容看，顯係落第歸國。

對唐人及留唐之韓國人而言，詩歌是應進士科必考的科目。所以，詩作得好壞是另一回事，但至少他們是會作詩的。否則那會有那麼多人考上中國的科舉呢？這些留唐學生返國之後，自必會將唐詩帶回韓國，而爲韓國文士之所習尚。

我國文士除了和新羅留唐學生時有所往來外，和新羅使臣也頗有交往。新羅使臣回國，文士每贈之以詩。如：

△陶　翰　送金卿歸新羅⑪

△張　籍　送新羅使⑫

　　　　　送金少卿副使歸新羅⑬

△張　喬　送棋待詔朴球歸新羅⑭

△賈　島　與高麗使過海聯句⑮

此外，也有送一般文士歸國的詩。如：

△沈　頌　送金文學還日東⑯

△劉　虛　海上詩送薛文學歸海東⑰

案：前一首之金文學，與此首之薛文學，同稱文學，俱係官名⑱，可見二人都係來唐參加科考及第，獲授文學之職。

△顧非熊　送樸處士歸新羅⑲

△馬　戴　送朴山人歸新羅⑳

△張　喬　送賓貢金夷吾奉使歸本國㉑

送朴充侍御歸海東㉒

△貫　休　送人歸新羅㉓

△劉得仁　送新羅人歸本國㉔

△林　寶　送人歸日東㉕

△項　斯　送客歸新羅㉖

除了使臣及一般文士之外，新羅僧之留唐，數目亦不在少。嚴耕望先生所撰新羅留唐學生與僧徒一文㉗，可考者即有百餘人。這些僧徒除了習佛法外，也常與中國文士相往還，平日有詩文唱和，而當這些新羅僧返國時，他們所結交的中國文士與僧徒，也每每有詩相贈。至今，在全唐詩裡頭，仍保留了爲數可觀的詩篇。如

△孫　逖　送新羅法師還國㉘

△張　籍　贈海東僧㉙

△姚　合　寄紫閣無名頭陀㉚

詩題下自注云：「自新羅來」。知係新羅僧。且全唐詩八函四冊另有顧非熊寄紫閣無名新羅頭陀僧詩，姚合與顧非熊係同時人，二人所贈係同一人。亦可見出此新羅僧如何喜好結交中土文士。

△姚　鵠　送僧歸新羅㉛

△皮日休　送弘惠詩㉜

詩題後附小序云：「庚寅歲十一月，新羅弘惠上人與本國同書請日休爲靈鷲山周禪師碑，將還，以詩送之。是知弘惠爲新羅僧也。

△陸龜蒙　和襲美（日休字）爲新羅弘惠上人撰靈鷲山周禪師碑送歸詩㉝

△張　喬　送新羅僧㉞

△張　喬　贈頭陀僧㉟

詩題下註云「自新羅來」。

△張　喬　送僧雅覺歸海東㊱

△釋法照　送無者禪師歸新羅詩㊲

△貫　休　送新羅僧歸本國㊳

△貫　休　送新羅衲僧㊴

由以上這些詩的題目，即可看出，在唐代不但有許多新羅僧到中國來，同時這些新羅僧也頗喜結交中土文士。他們和中土文士的交往，自然不是談佛就是論詩。他們在中土文士的耳濡目染之下，對中國詩歌也必有相當程度的認識。他們回國之後，不僅廣傳佛法，自然也不免談談唐詩㊵。韓國許多名僧，不僅精通佛理，而且篤好詩歌。如：

（柳方善）寄詩僧義砧云：「十年南北苦相思，有底浮生久別離，何日更參方文會，焚香細讀少陵詩」。義砧，我成廟命「諺文杜詩」㊶僧也……。㊷

又世宗實錄云：

……命檜巖住持僧卍雨移住……李穡、李崇仁得聞論詩，稍知詩學，今註杜詩，欲以質疑也。㊸

從這兩段文字，不難發現韓國高僧，每多能詩。這種現象，自然和留唐僧徒的數量，以及他們自唐帶回韓國的作詩風尚，有密切關係。

此外，中、韓兩國使臣往來頻繁，這些外交場合，每多賦詩，頗有古風。韓國人成俔所撰慵齋叢話，就記載了中、韓使臣即席唱和的情形：

天使（案：指中國使臣）到我國者，皆中華名士也。景泰初年，侍講倪謙、給事中司馬詢到國，不喜作詩。謙雖能詩，初於路上不留意於題詠。至謁聖之日，謙有詩云：「濟濟青襟分左右，森森翠柏列成行」，是時集賢儒士全盛，見詩哂之曰：「真迂腐，教官所作，可袒一肩而制之」，及遊漢江，作詩云：「纔登傑構縱奇觀，又棹禮知泛碧湍。錦纜徐牽緣翠壁，玉囊頻送隔雕欄，江山千古不改色，賓主一時能盡歡，遙想月明人去後，白鷗飛占鏡光寒」；又作雪霽登樓賦，揮毫灑墨，愈出愈奇。儒士見之，不覺屈膝。館伴鄭文成不能敵，世宗命申泛翁、成瑾甫往與之遊。仍質漢韻，侍講愛二士，約爲兄弟，相與酬唱不輟，竣事還，枚淚而別……

外交場合「賦詩」，似已成了一種禮貌，甚至還要「相與酬唱不輟」又同書云：

世祖朝，翰林陳鑑到國。翰林見畫蓮，作詩云：「雙雙屬玉似相親，出水紅蓮更逼真，名播頌聲緣有客，愛從周後豈無人？遠觀自可祛煩暑，並立何曾染俗塵，料得丹青知此意，絕勝鵜鶘惱比鄰」。朴延城爲館伴，次韻云：「水鄉花鳥邈難親，筆下移來巧奪真，菡萏初開如欲語，鷺絲閒立不驚人，淤泥淨色還無染，冰雪高標迥脫塵，玉署儒仙看不厭，清儀馨德與相鄰」。從事李胤之所作也。又作喜晴賦，金文良即依韻次之。翰林大加稱賞，曰：「東方文士，與中華無異矣。」㊺

可見在這些外交場合，每每賦詩。出任使臣者，最起碼要具備「能詩」的條件。而韓國的館伴，也必須要會作詩。前文提到倪謙使韓，不時吟詩作賦，而韓國館伴鄭又成顯然招架不住，所以世宗大王立刻命申泛翁及成謹甫上陣，才能和倪謙「相與酬唱不輟」。而陳鑑使韓時，見畫蓮作詩，館伴朴延城即時次韻。既任使臣或館伴，就必須能詩。而韓國使臣出使到中國，就更須要能詩不可了。唐會要裡頭，就記載了高麗使臣獻詩的事：

永徽元年（西元六五〇），新羅王金貞德大破百濟。遣使金法敏來朝，乃織錦作太平五言詩以獻，帝嘉之，拜法敏爲大府卿。㊻

遠在西元六五〇年，韓國使臣即能獻詩。而高麗使臣與賈島合作之過海聯句，至今仍見於全唐詩中。

詩云：

沙鳥浮還沒，山雲斷復連（高麗使）

櫂穿波底月，船厭水中天（賈　島）㊼

就高麗使所作的詩句來看，確實頗夠水準。即使不是使臣，韓國一般文臣也大都很能詩。成俔在慵齋叢話中有一段記載，足可看出韓國文臣能詩之一斑：

……其後太僕丞金湜、中書舍人張城到國。金湜善詩，尤長於律，筆法臻妙，畫於入神。人有求畫者，以左、右手揮灑與之。又畫一簇呈于世祖，世祖令畫士移描加彩，又令文士作詩，言奪胎換骨之意。請宴之日、掛諸壁間，太僕初見不識，熟視大笑曰：「此大王顛倒豪傑處也。」天使詩曰：「新試東藩雪苧袍，夜深騎鶴過江　，玉簫聲透青天月，吹落丹山白鳳毛。」；申高靈詩曰：「天上儒仙蜀擷袍，筆端清興寄林　、青丘正值千　運，玉葉瓊枝化翠毛」；金乘崖詩曰：「十載春風染舊袍，貞姿會見雪霜　，誰教白質還青骨，變化中山一穎毛。」；李文簡詩曰：「霜雪　姿拔翠袍，鞾龍風雨變江　，歲寒結得枝頭賞，棲集丹山五彩毛。」徐達城詩云：「此君奇節可同袍，玉立亭亭萬丈　，龍騰變化應多術，一夜雷雨換骨毛。」金福昌詩云：「苦節何曾換故袍，枉教堅白辨湘　，晴窗披得鵝溪繭，依舊青青頰上毛。」㊽

天使賦詩後，韓國所有參與宴會的文臣，都一一即席唱和，韓國文臣之能詩，也就不問而知了。

【附　註】

①見李丙燾著許宇成譯韓國史大觀第二編、上代史第十三章，新羅文化的瀾漫及其政治變遷。

②唐會要卷三十五，學校條。

③唐會要卷三十六，附學讀書條。

④見全唐詩卷五〇六。

⑤見全唐卷八三九。

⑥見全唐詩卷六九一。

⑦見全唐詩卷七〇二。

⑧見全唐詩卷八三六。

⑨見全唐詩卷五三一。

⑩見全唐詩卷八三六。

⑪見全唐詩卷一四六。謝海平教授所著唐代詩人與在華外國人之文字交一書頁一〇五，考證頗詳。

⑫見全唐詩卷三八四。

⑬見全唐詩卷三八五。據謝海平教授之考證，金少卿即金士信，其子質於唐，士信侍子，以副使使於唐。

⑭見全唐卷六三八。

⑮見全唐詩卷七九一。
⑯見全唐詩卷二〇二。
⑰見全康詩卷二五六。
⑱說詳謝海平教授唐代詩人與在華外國人之文字交頁一一〇。
⑲見全唐詩卷五〇九。
⑳見全唐詩卷五五六。
㉑見全唐詩卷六三八。按金夷吾來唐求學，登賓貢科，後受唐命使於新羅。謝海平教授唐代詩人與在華外國人之文字交頁一一四——一一六有詳細說明。
㉒見全唐詩卷六三八。
㉓見全唐詩卷八二九。
㉔見全唐詩卷五四四。
㉕見全唐詩卷六〇六。
㉖見全唐詩卷五五四。
㉗中韓文化論集第一輯頁六十七—九十八。
㉗見全唐詩卷一一八。
㉙見全唐詩卷三八四。

㉚ 見全唐詩卷四九七。
㉛ 見全唐詩卷五五三。
㉜ 見全唐詩卷六一四。
㉝ 見全唐詩卷六二六。
㉞ 見全唐詩卷六三八。
㉟ 見全唐詩卷六三八。
㊱ 見全唐詩卷六三八。
㊲ 見全唐詩卷八一〇。
㊳ 見全唐詩卷八三二。
㊴ 見全唐詩卷八三二。
㊵ 本節以上所敘之內容多參考嚴耕望先生之新羅留唐學生與僧徒，羅香林先生唐詩的傳播於韓國，及謝海平先生唐代詩人與在華外國人之文字交一書中之第三章。
㊶ 即以韓國文字來翻譯杜詩之意。
㊷ 成倪慵齋叢話柳方善條。
㊸ 世宗實錄卷一百。
㊹ 成倪慵齋叢話。

㊺ 見註㉕。
㊻ 唐會要卷九十五新羅國條。
㊼ 見全唐詩卷七九三。
㊽ 同註㉕。

第三節　韓國歷代詩壇概觀

中、韓兩國交往的歷史，不僅淵源流長，而且，從兩國文學發展的歷史來看，幾乎可以視爲一體。就以詩歌來說，自新羅時代，我國詩歌就已傳入韓國，而爲韓國士大夫所習尚。其後，到了高麗，能漢詩之文士遠較新羅更爲普遍。到了朝鮮朝，韓國詩壇更是隨我國詩壇之變化而變化。以下僅就韓國歷代詩壇略作介紹。

新羅及其以前之詩壇

在韓國史上，新羅是很早就存在於朝鮮半島的國家。她與高句麗、百濟、並稱三韓，或稱三國。後來，新羅借助我國之力量，於西元六六九年降服了高句麗及百濟，統一了朝鮮半島，因而建立了新羅王朝。西元六六九年以前，韓國史上稱爲三國時代，之後稱爲新羅。韓國與我國雖不同種卻同文。（前面已有詳論），而且擁有極多相同的文化背景。在三國時代，已經有許多優美的文學作品，至今仍留下許多可貴的資料。而其中尤以高句麗，傳下的詩歌最多。如：

箜篌引

公無渡河，公竟渡河；
渡河而死，當奈公何！

據云：朝鮮半島卒霍里子高，晨起划船，見白首狂夫，被髮渡河，其妻隨而止之不及，遂墜河而死，其妻傷之，乃引箜篌唱「公無渡河」歌，聲音悽愴，歌竟，乃赴水殉死。子高歸告其妻麗玉，麗玉將箜篌傳其歌。①

黃鳥歌

翩翩黃鳥，雌雄相依；
念我之獨，其誰與歸。

按：三國史記載：琉璃王乃高句麗東明王之子也，名類利，於漢成帝鴻嘉三年（西元前十八年）即位。王娶二女，一曰禾姬，鶻川人之女也；一曰雉姬，漢人之女也。二女爭寵，禾姬責雉姬曰：「汝漢家婢妾，何無禮之甚！」雉姬慚恨而逃。王聞之，策馬追之，雉姬怒不還，王憩息樹下，見黃鳥飛集，乃感而作歌云。②

人蔘讚③

三椏五葉，背陽向陰；
欲來求我，椵樹相尋。

詠孤石④

迴石直生空，平湖四望通；
巖根恆灑浪，樹梢鎮搖風。（根一作隈）
偃流還清影，侵霞更上紅；
獨拔群峰外，孤秀白雲中。

寄隋將于仲文⑤

神策究天文，妙算窮地理；
戰勝功既高，知足願云止。

至於百濟所傳詩歌，以井邑詞最爲有名：

井邑詞⑥

秋泉咽，
山河兩地同明月，
同明月，
淒風苦雨幾年別離；

等閒黃葉知時節，

泥塗漠漠行人絶；

行人絶，

魂飛滄海珠宮貝闕。

其他如異山歌、神雲山曲、方等山曲等均已不傳。至於新羅所傳，最有名之作莫過眞德女王遺弟金法海獻于唐太宗之大唐太平頌：

大唐太平頌⑦

大唐開鴻業，巍巍皇猷昌；

止戈戎衣定，修文繼百王；

統天崇兩施，理物體含章；

深仁諧日月，撫運邁時康；

幡旗既赫赫，鉦鼓何煌煌；

外夷違命者，剪覆被天殃；

淳風凝幽顯，遐邇競呈祥；

四時和玉燭，七曜巡萬方；

維嶽降宰甫，維帝任賢良；

五三成一德，照我皇家唐。

除此詩外，三國史記引新羅古記云：「文章則強首、帝文、守眞、良圖、風訓、骨番，而事迭不得立傳。」可見當時還有不少作者。而王巨仁之憤怨詩⑧，金地藏之送童子下山詩⑨，都可稱得上一時名篇。爲免繁瑣，不再贅錄。

至統一三國後，更是文風日盛，名家輩出，如薛聰⑩、金大問⑪、祿眞⑫等，固然已名重當世，而金可紀、崔致遠等輩，更是一時之選，而且名播中土⑬。這一時期，新羅士人頗熱衷於我國科舉，其中得中唐朝賓貢科的，即有五十八人之多，人數之衆，可說在賓貢科中居第一。這些人是必然能詩的，不然就不可能登第了。而且他們所寫的詩，必然是合於唐音的。如崔致遠詠紅葉樹詩：⑭

白雲巖畔立仙姝，一簇煙蘿倚畫圖；
麗色也知於世有，閒情長得似君無；
宿妝含露疑垂泣，醉態迎風欲待扶；
吟對寒林卻惆悵，山中猶自辨榮枯。

這是標準的七律，即使置入唐人集中，也可以亂眞。金立之的遺句，也頗見功力：

煙破樹頭驚宿鳥，露凝台上暗流螢（秋夜望月）
山人見月寧思寢，更掬寒泉滿手霜（峽山寺翫月）
紺殿雨晴松色冷，禪林風起竹聲餘（贈青龍寺僧）

風過古殿香煙散，月到前林竹露清（宿豐德寺）
更有閒宵清淨境，曲江澄月對心虛（贈僧）
寒露已催鴻北去，火雲漸散月西流（秋月）
園梅坼甲迎春笑，庭草抽心待節芳（早春）⑮

這些詩句，的確有相當的水準。也完全符合唐人的格律。綜觀新羅一朝詩歌，尤其是統一三國以後的新羅，可說是完全學習唐詩的。

高麗詩壇

任何一朝代初期的文學，必定繼承前代末期的文風而發展。因爲政治朝代的改變，可於一朝一夕之間達成，但文學風尚的改變，卻非百十年不爲功。所以即使改朝換代了，但文學作品並不會馬上隨著朝代的改變而改變。這是文學發展的鐵律，在中國如此，在韓國也是如此。所以高麗初期的文風，必定繼承新羅末葉而發展。高麗朝大家李仁老，在他的補閒集的序文中論到高麗初期詩風時說：「漢文唐詩，於斯爲盛。」他在補閒集裡也說：

文安公（俞升旦）常言：凡爲國朝製作，引用古事，於文則六經三史，詩則文選、李、杜、韓、柳，此外詩家文集，不宜據引爲用。⑯

可見當時作家，對唐人服膺之深。

從時間上來看，高麗初葉約當西元一千一百年左右，正是我國南宋初期。我國詩歌，到北宋歐、蘇、梅、黃諸人時，已發展出一個足以與唐詩相抗衡的新趨向——宋詩。在這種新趨向的衝激下，高麗詩壇也不能不有所改變了。所以到了高麗初中葉之交，宋詩逐漸抬頭，詩壇上正處於由唐詩而到宋詩的過渡時期，此時詩人，多兼主唐，宋，甚至可以說，自初葉以後，整個高麗詩壇都是與唐、宋詩相終始的。如李仁老論蘇、黃詩云：

詩家作詩多使事，謂之點鬼簿。李商隱用事險僻，號西崑體，此皆文章一病。近者蘇、黃崛起，雖追尚其法，而造語益工，了無斧鑿之痕，可謂青於藍矣！⑰

又同書論琢句云：

琢句之法，唯少陵獨盡其妙，如『日月籠中鳥，乾坤水上萍，十暑岷山葛，三霜楚戶砧』之類是已。且人之才如器皿方圓，不可以賅備，而天下奇觀異賞，可以悅心目者甚夥，苟能才不逮意，則譬如駑蹄臨燕，越千里之途，鞭策雖勤，不可以致遠，是以古之人，雖有逸才，不敢妄下手，必加練琢之工，然後足以重光虹蜺，輝映千古，至若旬鍛季鍊，朝吟夜諷，撚鬚難安於一字，彌年只賦於三篇，手作敲推，直犯京尹，吟成太瘦，行過飯山，意盡西峰，鐘撞半夜，如此不可縷舉。及至蘇、黃，則使事益精，逸氣橫出，琢句之妙，可以與少陵並駕。⑱

又評碧蘿老人鄭僖與王輪寺光闡師二絕句云：

其語法與唐、宋人無異⑲

以上所論，俱皆唐、宋人並舉，無分軒輊。而李奎報白雲小說於唐、宋人亦並有所稱許。如其「和病中十五首」之序云：

噫！才名德望，雖不及白公（樂天）遠矣，其於老境病中之事，往往多有類余者。⑳

香山後集每多病中作，奎報亦多病中作，因引爲同類，且於樂天「才名德望」，可謂仰佩有加。不僅對唐人多所稱許，而於蘇、梅等宋人，亦推服之至，如：

夫文集之行乎世，亦各一時所尙而已，然今古已來，未若東坡之盛行；尤爲人所嗜者也……東坡近世以來，富贍意邁，詩之雄者也。㉑

不僅「嗜」東坡，他對梅聖俞也心儀之至：

……余昔讀梅聖俞詩，私心竊薄之，未識古人所爲號詩翁者，及今閱之，外若荏弱，中實骨鯁，眞詩中之精儁也。知梅詩，然後可謂知詩者也。㉒

眞是一位梅聖俞的知音。當時大家崔滋，也同樣對唐、宋兩代詩人均有所好。如：

……今觀李文順公詩，雖氣韻逸越，侔於李太白；其明道德，陳風諭，略與白公契合。㉓

以奎報詩，比之於太白、樂天。又於少陵至爲推許：

凡詩琢鍊如工部，妙則妙矣，彼手生者，欲琢彌苦，而拙澀愈甚，虛雕肝腎而已，豈若各隨才局，吐出天然，無礱錯之痕！㉔

崔氏對杜甫，可謂五體投地，補閒集中，對杜甫眞是推崇到家了。此外，他對宋人也頗欣賞：

杜門讀蘇、黃兩集，然後語道然，韻鏘然，得作詩三味。㉕

至於被譽爲韓國第一大詩人的李齊賢㉖，亦兼宗唐、宋，在其所著櫟翁稗說，所提到唐、宋兩朝的詩人不下二十家，如李白、杜甫、劉禹錫、韓愈、白居易、杜牧及王安石、蘇東坡、黃山谷、楊萬里等人，都頗爲推許。他對詩歌的主張，也與江西諸人相類似。許世旭教授於韓中詩話淵源考一書中云：

……可見益齋所論，綜集北宋諸家詩說而折衷之，不專一家。所舉篇句，以王安石、劉禹錫爲多。至言詩法，則多取諸山谷……。㉗

由此觀之，高麗朝詩壇，實兼主唐、宋而無分軒輊。

朝鮮詩壇

朝鮮前後凡五百年，詩風屢變。金萬里在西浦謾筆中，對朝鮮詩壇有相當精僻的介紹：

本朝詩體，不啻四五變。國初承勝國之緒，純學東坡，以迄於宣靖，惟容齋稱大成焉。中間參以豫章，則翠軒之才，實三百年一人。又變而專攻黃、陳，則湖蘇芝，鼎足雄峙。又變而反正於唐，則崔白李其粹然者也。夫學眉山而失之，往往冗陳，不滿人意。江西之弊，尤拗拙可厭。崔白之於唐，五律七絕，僅窺晚李藩籬，沾沾一臠，不足以果腹，其可及人乎？權汝章以布衣之雄，起而矯之，採擷唐、宋，融洽雅俗，磨礱刷治，號稱盡美。東岳和之，加以富有；澤堂嗣興，理陂尤密，遂使殘膏剩馥，沾丐至今，可謂盛矣。而末流之弊，全廢古學，空疏鄙俗，比前三李，抑有甚焉。唐、宋遺風餘音，至此掃地，而詩道百六之窮，未有甚於此時也，若學明一派，濫觴於月汀，玄軒諸公，近代李子時其成家者，蓋東詩構出之枝也。㉘

金萬里將朝鮮詩壇分爲幾期，初期全係宋詩天下，當時詩人，主要學東坡和黃、陳；其次轉而學唐，形成唐、宋並存的局面；最後轉而學明人。大抵可分這三個時期。

朝鮮初期詩壇，確如金萬里所言，幾全是宋詩天下。如朝鮮初期詩人徐居正所作之東人詩話，就清楚的反映出朝鮮初期詩壇的狀況：

文章所尚，隨時不同，古今詩人，推李、杜爲首。然宋初楊大年，以杜爲村夫子，酷愛李長吉詩，時人效之。自歐、蘇、黃、梅一出，盡變其體，然學黃者尤多，江西宗派是已。高麗文士，專尚東坡，每及第榜出，則人曰三十三東坡出矣。高、元間，宋使朮詩，學士權適贈詩曰：「蘇子文章海外聞，宋朝天子火其文，文章可使爲灰燼，千古芳名不可焚」，宋使歎服。其崇尚東坡可知也已。㉙

徐居正誇越高麗、朝鮮兩朝，爲麗末鮮初作家，文中所謂高麗文士，自係指高麗末期。麗末如此，鮮初自然也如此。他評朝鮮詩人作品，亦每以宋代詩人之作爲典則而比方之。如：

古之詩人，托物取況，語多精切。如東坡詠海棠云：「朱唇得酒暈生臉，翠袖卷紗紅映肉」，以婦人譬花也。山谷詠荼靡之「露顯何郎識湯餅，日烘荀令炷爐香」，以丈夫譬花也。崔文靖恆詠黑豆云：「白眼似嫌憎客意，漆身還有報仇心」，以文人烈士譬黑豆，用事奇特，殆不讓

二老。㉚

因爲此時詩壇宗尚宋詩，所以每喜以宋人比之。至於其論作詩之法，亦每多江西論調。如：

古人作詩，無一句無來處。

又云：

予嘗愛鄭圓齋公權讀中宗紀詩：『由來哲婦敗嘉謨，詰讕無言淺丈夫，地下若逢韋處士，帝心還愧點籌無？』語雖用唐人『地下若逢陳後主，豈宜重問後庭花？』之句，點化自妙，真得換骨法。㉛

「換骨法」係江西派所創，以江西詩法論詩，當時詩壇風尚，自可想見。且朝鮮初期刊印之我國文士詩文集，亦以宋人爲多。如慵齋叢話云：

太宗於永樂元年（一四〇三）謂左右曰：『凡爲治，必須博觀典籍。吾東方在海外，中國之書罕至。板刻易以剜缺，且難盡刻天下之書。予欲範銅爲字，隨所得而印之，以廣其傳，誠爲無窮之利。』遂用古註詩書左氏傳字鑄之，此鑄字所由設也……成宗於辛卯年（一四七一）以荊公、歐陽公集鑄字印行……。㉜又

……成宗命交館，無書不印，如……歐、蘇文集、杜詩、王荊公集、陳簡齋集……。㉝

其時所刻書籍，除杜詩外，餘皆爲宋詩，可見宋詩在當時之盛行。

及至朝鮮中葉（約當中宗、明宗以後），漸由主宋而趨向於宗唐。詩壇之所以會有此變化，主要

是因爲，此時正當我國明代前七子時期，七子詩歌崇尚復古，極力主張「詩必盛唐」，可見當時詩壇之趨向。朝鮮與明關係最爲密切，不僅在政治層面上，亦步亦趨，即使在其他方面，亦無一不學步於明。所以此時朝鮮詩壇，亦必以明詩壇之趨向爲依歸。沈守慶遣閒雜錄云：

> 余少時，士子學習古詩者，皆讀韓詩東坡，其來古矣。近年士子以韓蘇爲格卑，棄而不讀，乃取李、杜詩讀之。㉞

韓愈雖係唐人，但其詩最近宋格，是以與蘇詩並列。當時士子，棄韓、蘇而取李、杜，自然代表了去宋趨唐的轉變。較沈守慶稍晚的詩人申欽（一五六六—一六二八），就明白的說：

> 麗朝及我朝皆尚東坡，故麗朝大比，至有三十三東坡之語。近年以來，稍稍不喜，爲詩者皆學唐人。㉟

詩風之轉變，已有明確之指向，而與申欽同時之李晬光（一五六三—一六二八）亦云：

> 我東詩人，多尚蘇、黃，二百年間，皆襲一套。至近世崔慶昌、白光勳始學唐。㊱

不只崔慶昌、白光勳學唐，事實上李晬光自己也是標準的宗唐詩人。南龍翼壺谷詩話即云：

> 芝峰一生攻唐，閒淡温雅。

所以晬光的芝峰類說，對宋人頗不假辭色：

> 殷璠（河嶽英靈集之編者）曰：『文有神來、氣來、情來，有雅體、野體、鄙體、俗體，能審察諸體，委詳所來，方可定其優劣』。余謂詩亦然。以盛唐言之，如王維是神來，高適是氣

來，孟浩然是情來。宋以下詩，未知所來，而體多鄙俗，看得自別耳。㊲

芝峰所評盛唐諸人，自然是本於河嶽英靈集的論調而來。但對宋詩，卻貶抑過甚。這一時期，以洪萬宗的小華詩評最具代表，他個人自然是主唐音之代表，他評詩也每以唐人爲準。如評李簷詠汲黯詩云「何減唐人」，評二樂堂（申用溉）及企齋（申光漢）等詩云「諸詩何讓唐人」。評李奎報遊魚詩則云：

> 魚詩造理精深，鶯詩運思纖巧，各臻具體，無甚上下，而但格皆墮宋矣。

評李澤堂挽權韐詩云：

> 立意措語，精到工緻，可謂名作，然格自墮宋。

評李敏朮觀魚台詩云：

> 語意矯健，然格墮江西。

所謂「墮宋」，「墮江西」，正見其對宋詩之態度。朝鮮中葉詩壇，大抵如此。

至朝鮮末期自英祖、正祖開始，相當於我清朝乾隆時期起。在清朝二百六十餘年的詩壇，自然也不外宗唐、主宋兩大派別。宗唐者標舉神韻、宗法、肌理、格調；主宋者反流浴、排淫濫、往往以文入詩。宗唐者有初、盛、晚唐之別；主宋又有蘇、黃、陸等之分。這是我國清代詩壇的大概。而朝鮮末期，正是我國詩壇熱鬧非凡的時期。一方面是翁方綱「肌理說」與王士禛「神韻說」相持不下；再方面是沈德潛「格調說」與袁子才「性靈說」互別苗頭的時代。同時也是唐詩與宋詩壁壘分明的時代。這一現象反映到韓國詩壇，卻演變成唐、宋詩兼容並蓄，無分軒輊的局面。如正祖爲太子時（一九五二—一八〇〇），即親自主持杜陸千選的編選工作，並親爲制訂序跋。跋云：

……詩亦樂教中一事，詩教弛而求三百篇遺意於後世能言之士，惟杜甫、陸游近之，律尤其聖也。今所以表章二子，蓋欲砭俗矯時，反之詩樂之正也……。㊳

杜、陸齊觀，唐、宋並容，這是當時詩壇的實際趨向。較正祖稍後的金澤榮（一八五〇—一九二七），更明確的表示自己是兼宗唐、宋的：

澤榮於文，好韓、蘇、歸太僕，而學之未能，於詩好李、杜、韓、蘇，下至王貽上。而三十而後，幾於廢棄。今以澤榮之詩，謂兼宗唐、宋，固實論也。㊴

這不僅是金澤榮個人的「實論」，也是朝鮮末期詩壇的實論。

韓國歷代詩壇，大抵如前所述。自高麗中葉以後，大致不外唐詩、宋詩交遞稱盛。但總以我國詩壇之趨勢爲導向。這是可以肯定的。

韓國歷代詩壇，詩風屢變。但自高麗朝李仁老以後，無論詩風如何改變，杜甫一直是以不倒翁的姿態生現，他始終是最受歡迎的詩人之一。

【附　註】

① 事見崔豹古今註。

② 事見三國史記高句麗本紀，琉璃王三年條。

③ 續博物志云：「高句麗人所作」。

④ 古詩紀云：定法師作。定法師乃高句麗僧，嘗入後周與標法師從遊。

⑤ 隋書于仲文傳。

⑥ 見李瀷星湖樂府。或云此爲當時謠諺，李瀷爲之漢譯云。以多參考林明德教授之新羅時代以前的韓國漢文學及文化大學韓文系出版之韓國文學史。

⑦ 此詩載于高　之唐詩品彙。李奎報白雲小說云：「新羅眞德女王太平詩，載於唐詩類記，其詩高古雄渾，比初唐諸作，可相上下。是時東方文風未盡，乙支文德外無聞焉。而女王乃爾，亦奇矣」。

⑧ 見全唐詩卷七六三。詩云：「于公慟哭三年旱，鄒衍含愁五月霜。今我幽愁還似古，皇天無語但蒼蒼」。據朝鮮史略云：「新羅女主曼，與魏宏通。宏死，復引年少美丈夫私之，授以要職，申是佞倖肆志，紀綱壞弛。時有人譏謗時政，榜於路。主疑王巨仁所爲，命下獄，將誅之。巨仁憤怨，作詩書獄壁。是夕，忽震雷雨雹，主懼釋之。唐僖宗文德初年事也」。

⑨ 見全唐詩卷八一〇。詩云：「空門寂寞汝思想，禮別雲房下九華。愛向竹欄騎竹馬，懶於金地聚金沙。添瓶澗底休招月，烹茗甌中罷弄花。好去不須頻下淚，老僧相伴有煙霞」。

⑩ 元曉祖之子，神文王時人。能以方言解九經，創爲「吏讀」。高麗朝追謚弘儒侯，今傳「花王戒」駢文一篇。

⑪ 聖德王時人。頗能文，有花郎世紀、高僧傳、漢山記等，唯皆不傳。

⑫ 姓不詳。工文章，憲德王時人。時忠恭角干有疾，祿眞請見，乃說滔滔數百言，角干之病，竟不藥而癒。

⑬ 金可紀與崔致遠都曾高中唐朝科舉，章孝標送金可紀歸新羅詩云：「登唐科第語唐音，望月初生憶故林……。」知其曾登科第，且今之全唐詩逸中亦載有金可紀之詩。崔致遠則不僅登科第，更有桂苑筆耕、經學隊仗等作，被許爲「東方之文宗」。

⑭ 桂苑筆耕集卷二十。

⑮ 全唐詩逸卷中。

⑯ 補閒集卷中。

⑰ 破閒集卷下。

⑱ 破閒集卷上。

⑲ 破閒集卷中。

⑳ 東國李相國集卷五。

㉑ 東國李相國集卷二十六答全履之論文書。

㉒ 東國李相國集卷二十一論詩說。

㉓ 補閒集卷中。

㉔ 補閒集卷下。

㉕ 補閒集卷中。

㉖ 金澤榮在紫霞申緯詩集序中云：「我東之詩，以益齋爲宗」。又韶護堂集卷十云：「李益齋之詩，以工妙清俊，萬象具備，爲朝鮮三千年之第一大家，是以正宗而雄也」。

㉗ 頁七十六。此書爲作者之博士論文，成就非凡，極具參考價值。

㉘ 金萬里西浦謾事。收於漢城亞細亞出版社之歷代詩話叢林。

㉙ 東人詩話卷上。

㉚ 東人詩話卷中。

㉛ 同㉚。

㉜ 成俔慵齋叢話卷七。

㉝ 成俔慵齋叢話卷二。

㉞ 沈守慶遣閒雜錄。

㉟ 申欽象村集卷　。

㊱ 李晬光芝峰類說。收錄於漢城亞細亞出版社之歷代詩話叢林。

㊲ 同㊱。

㊳ 正祖弘齋全書卷　。

㊴ 金澤榮韶護堂集卷十。

第二章　杜詩傳入韓國之始末

第一節　傳入時間之商榷

一、緒　言

唐詩傳入韓國的時間，大抵如嚴耕望先生「唐詩的傳入於韓國」①一文所述，約當西元七世紀左右。當然，這並不表示所有的唐詩，都是在這個時候傳入韓國的。而且，唐代詩人衆多，不見得每一位詩人都能享譽韓國詩壇。像杜甫那樣，在韓國享有盛名，而且歷久不衰，倒還眞不多見。韓國漢學家兼詩人許世旭教授，在「韓中詩話淵源考」一書中說②：

……次由詩話以觀，此千三百餘年間，唐詩聲勢最盛，幾佔全韓詩苑之半，而宋詩則居其三。計其時代，則唐詩遠自新羅中葉，至高麗中葉，爾後又復盛行於朝鮮中、末；宋詩則起自高麗末至朝鮮也。再以個人論之，其最受崇敬，歷久不渝者，當推杜甫，其次則東坡也……。

可見杜詩見重於韓人之一般。

杜甫在韓國，不僅受到歷代詩人的崇敬，而且也成了許多學者研究的對象。李丙疇教授在「杜詩的比較文學的研究」一書中云③：

……漸漸的，杜學的研究風氣盛行起來了。到了麗季時代，更有李齊賢、鄭夢周、李崇仁、李穡等偉大學者，皆受其薫陶。甚主到了朝鮮王朝，情況更積極發展爲「天下幾人學杜甫，家家尸祝最東方」了。

同書又提到朝鮮時代的賞杜風氣云④：

……這種賞杜的風氣，甚至連巷閭婦孺們，都深受影響。在坐船時，總要背誦幾句「登岳陽樓詩」；到了秋天，大家更是吟誦「秋興」，來表示對秋天那種悲涼氣氛的感受。因此，雖然杜詩有所謂「元氣渾茫，辭語艱澀」的困難，但在歷代學者不斷的努力之下，終於完成了使我們引以爲傲的杜詩諺解。使杜詩終於與我們的語言、文學，同時深深地種入了我們民族的血液裡。

對杜詩的愛好，由原先的學者層面，擴展到「巷閭婦孺」，正說明了杜詩在韓國普遍流傳的情形。

唐詩在新羅時代即已傳入韓國，是毫無疑問的。但是受到普遍歡迎的杜詩，究竟在何時傳入韓國，卻無史料可稽。

二、幾種舊說

有關杜詩傳入韓國的時間，頗有幾種不同的意見。最早提到這個問題的是李丙疇教授。李教授在韓國的杜詩一文中說⑤：

若溯杜詩之入我邦，濫觴於新羅之中葉。其統合三韓之前後，使節之往來，項背相望，則其東還之行李，必賞之以典籍，以圖文化之興隆，故墳典丘索之外，又副之以李、杜、韓、柳諸集，而屢經兵燹，不免湮滅。其時之顛末，今不得而詳矣。

案百濟亡於西元六六四年，高句麗亡於西元六六八年。所謂新羅統合三韓，當指西元六六八年。這個時候，杜甫還沒出生（杜甫生於西元七一二年），所以說，在統合三韓之前，自是絶無可能；但如在統合三韓之後，那又該後到什麼時候呢？

又杜詩學者徐首生先生，在「杜詩傳至韓國之時期及諺解的失誤」一文中說：

……以韓國歷史來看，從新羅聖德王十一年，到惠恭王六年之間，是新羅統一三國以後，抒情鄉歌的的文學流行的時期。新羅統一以後，與中國唐朝有使節的往來，因此大概九至十世紀時，杜詩已經傳到韓國了。⑥

這一段話基本上是出於臆測，並無直接的證據。接下來，該文又說：

雖然在書籍上找不到統一新羅前，杜詩已傳入韓國的紀錄，但從新羅統一以後，與唐交流的觀點來看，應該可以推論，在新羅統一時傳入韓國……。

這個意見和李丙疇先生的看法大致上是相同的。但所提出的時卻頗有商榷餘地。

現代年輕杜詩學者李昌龍先生，在「韓中詩的比較文學的研究」⑦一書中，提到杜詩傳入韓國時，他認爲新羅與唐頗有文化之往來，因此不難推測，杜詩集問世以後，可能就傳入了新羅⑧。他並且提出了張延祐的寒松亭⑨：

月白寒松夜，　　波安鏡浦秋

哀鳴來又去，　　有信一沙鷗

他以爲「有信一沙鷗」應係襲自杜甫旅夜抒懷中的「天地一沙鷗」。張延祐卒於顯宗七年（西元一〇一六）；而鄭知常送人一詩，明顯受到杜詩之影響⑩。李昌龍先生雖然沒有作明顯結論，大抵他認爲杜詩應在十一世紀左右傳入韓國。

又全英蘭小姐在她的博士論文「韓國詩話中有關杜甫及其作品之研究」⑪一書中，並未直接談論到杜詩傳入韓國的時間，只是列舉了部分韓國有關杜詩的最早記錄。她在第一章第一節「韓國杜詩之盛行」中，提到了兩則早期的資料：

韓國有關杜詩之最早記錄，首見於高麗人李仁老（西元一一五二——一二二〇）《破閑集》，其言云：「琢句之法，唯少陵獨盡其妙，如日月籠中鳥，乾坤水上萍；十暑岷山葛，三霜楚户砧之類是已。」又李奎報（西元一一六八——一二四一）〈奠先生德全哀詞〉「並序亦云：「爲詩文得韓杜體，雖牛童走卒，無有不知者。」由以上二文，可見當時韓國文人已普遍吟詠杜詩。⑫話是說得不錯，但並未能明確指出杜詩傳入韓國的確切時間。

三、舊說之檢討

前面提到的幾位學者，都曾試圖爲杜詩傳入韓國的時間，找出明確的答案。可能他們的大作，並沒有將重點放在這個問題上面，所以並不十分積極的去尋求答案。

李丙疇先生在「韓國的杜詩」一文中原本主張「若溯杜詩之入我邦，濫觴於新羅之中葉、其統合韓之前後……」，前文已經提到，這個時間是不可能的。繼而，李教授在他的另一本大作「杜詩的比較文學的研究」一書中，對杜詩傳入韓國的時間又作修正，他說：

在高麗宣宗二年（西元一〇八五年）有文苑英華、宣宗九年（西元一〇九二年）有冊府元龜等巨書輸入。況且在高麗宣宗八年（西元一〇九一年）所編的五千餘卷之購書目錄中，除了尚書、易經之外，尚有元白唱和詩、韓詩，甚至連揚雄集、謝靈運集、顏延年集、曹植集、劉琨集等，漢魏時代的詩文集，都記入在內。由此看來，杜甫集和李白集，應在前西提到的文苑英華等書輸入前即已購入」。⑬

李丙疇教授以爲杜詩當在宣宗二年（西元一〇八五年）以前，即已由宋朝購入。理由是在宣宗八年（西元一〇九一年），韓國向我國購入五千餘卷的書藉，其中有許多詩文集亦在購買之列，但其中竟没有杜詩，所以李教授懷疑，韓國應在這次（宣宗八年）購書之前，已經在宣宗二年（西元一〇八五年），和文苑英華等書同時購入了，文獻中缺乏記載而已。從李教授的意見來說，基本上仍是只不過是一種推論，仍然缺乏証據。而且李教授可能誤解了高麗史宣宗八年當中的一段文字。這段文字是：

李資義等還自宋，奏云：「帝聞我國書籍多好本，命館伴書所求書目錄授之。乃曰：『雖有卷第不足者，亦須傳寫附來』。百篇尚書、荀爽周易十卷、京房易十卷……曹植集三十卷、司馬相如集二卷、譚禪新論十卷、劉琨集十五卷、盧諶集二十一卷……。⑭

這段文字，分明是指宋朝皇帝（宋哲宗）向韓國求書。文中所列諸書，多半是我國失傳，或只剩下殘卷的古籍。宋哲宗聽說韓國仍保留部分我國已散失了的「好本」，所以命館伴將「所求書目」交給李資義帶回韓國，按書目來找書。並不是韓國向我國求書，而正相反是我們向韓國求書。把這段文字弄明白了以後，就可以了解，事實上，這段話和杜詩何時傳到韓國，並没有什麼關係。所以李丙疇教授根據這段話來推測杜詩傳入韓國的時間，恐怕是很有商榷餘地的。

至於徐首生先生的意見，我認爲也很值得討論。綜合他所持的理由來看：首先，他認爲新羅統一後（西元六六九年），與唐朝時有使節往來，因此杜詩可能傳入。其次，他認爲在長慶到唐文宗年間（西元八二一—八四〇），有一百五十多位留唐學生回到新羅，這些人當中，有些還中了科舉，因此他們一定學過杜詩，必會把杜詩帶回韓國。最後，他認爲，日本在大江維時（西元八八九—九六三）的千載佳句裡，可見到杜詩六句；藤原基俊（西元一〇六三—一一四二）的新撰朗詠集裡，也有杜詩二句。所以徐先生認爲，杜詩在九到十世紀就已經傳入韓國。但是他也承認：

如果從文籍記錄上來看，杜詩傳入日本的時代是大江匡房西元一〇四一—一一一一）的江談抄……因此可說杜詩傳入日本，是在十一世紀手安末期。⑮

他所持的第一個理由：杜詩可能經由中、韓兩國使臣的往來，而傳入新羅。自然是臆測之詞，缺乏事實根據。至於第二個理由：西元八二一—八四〇年間，有一百餘名留唐學生回到新羅，他們當中必定有人會把杜詩帶回韓國。這個推測倒是不無道理，因爲西元八二一正是唐穆宗長慶元年，這是元稹和白居易風靡當時詩壇的時候，元、白都是極力推崇杜甫的，元稹甚至於認爲「自詩人以來，未有如子美者」。這個時候，杜詩可能是頗爲流行的。那一百多位留唐的學生，在留唐期間可能接觸過杜詩，也可能會把部分杜詩帶回新羅，但是目前並沒有任何史料足以證明這一點。徐先生提出的此一看法，容或是有幾分可能的，但在沒有足夠的証據支持以前，我們只能持保留的態度。至於第三點，徐首生先生認爲：日本在西元八八九—九六三年之間所編的千載佳句裡，就收了六句杜甫的詩。可見杜詩在九到十世紀間已傳入日本，而同樣的時間，應該也會傳到韓國。從理論上來講，這個推測可能是對的。不過實際的情形和徐先生的推測，可能還有一段距離。因爲無論是千載佳句中所收的六句杜詩，或朗詠集中所錄的二句杜詩，都只不過是部分零星的詩句，而非整本的詩集。整本詩集傳到日本，應該是到大江匡房（西元一〇四一—一一一一）的江談抄，才有確切的文獻可稽。徐先生自己也同意這個看法。

至於李昌龍先生的意見，是很值得重視的。他的論點也頗有依據⑯。但以張延祐寒松亭中的「有信一沙鷗」，謂必定受到杜詩旅夜抒懷「飄飄何所似，天地一沙鷗」之影響，可能有待斟酌。因爲：

1.張延祐卒於西元一〇一六年。杜詩在中國流傳，都必須等到王洙本出現（西元一〇三九）之後，才比較普遍。在此之前不要說傳到韓國，即使在中國，杜詩也不大可能普遍流傳。

2.自韓國目前可能找得到的資料來看，在十二世紀以前，幾乎再也找不出第二個，類似張延祐寒松亭等，受杜詩影響的作品。也就是說，如果他眞的是受到杜詩的影響，也只是一個孤例。孤例通常是不被採信的。

3.「一沙鷗」不是很特別的詞彙。張延祐的「有信一沙鷗」，雖然表面看來好像襲自杜甫的「天地一沙鷗」，但在前面一、二兩項條件的影響下，如果解釋爲巧合，可能更符合實際的情形。

假如這三點能成立的話，李昌龍先生所謂「由此不難推測，杜詩問世（指一〇三九王洙本刊出後）以後就傳入於韓國了」，這句話可能要有所修正。

至於全英蘭的意見，他只列舉了一些，韓國早期詩話或詩文集中論到杜甫的文字，並沒有確切的指出杜詩傳入韓國的時間，所以就不再詳細的討論了。

四、個人淺見

綜合前幾位學者的意見，對杜詩傳入韓國的時間，似乎都比較傾向於十一世紀以前。我覺得他們推定的時間可能都稍嫌早了一點。

在韓國現有的史料當中，直到目前爲止，似乎尚未發現明確記載杜詩傳入韓國的時間。雖然沒有直接的資料可資証明，但是有些資料亦可間接的發揮極大的作用。

我想，要弄清楚這個問題之前，必須要先了解，杜詩在我國究竟什麼時候才走紅的。大體說來，任何一位詩人的作品，必定在國內當紅了一段時日之後，才會流傳到韓、日等國。這應該是可以理解的。

李德懋在青莊館全書中曾說：

大抵東國文教，較中國每退計數百年後始少進。東國始初之所嗜，即中國衰晚之所厭，如岱峰觀日，雞初鳴，日輪已騰躍，而下界之人，尚在夢中。⑰

洪吉周也說過類似的話：

近世東人文詞之號爲中國體者，既亦中國數百年前所尚耳。今之中國，已棄之如垢穢矣。⑱

李德懋與洪吉周所言，大抵離事實不遠。如「詩話」之作，就中國而言，始於中唐，約當西元七、八百年之譜。而韓國詩話，最早當推李仁老的破閑集。李仁老生於西元一一五二年，卒於一二二〇年。就算李仁老四十歲寫成破閑集，那也已經到了西元一一九二年，已到西元十二世紀末了。這麼算來，韓國的詩話，至少比我國晚了四百年以上。又東坡詩受到韓人青睞，大約是在李朝高宗時代，約當西元一二〇〇年左右，當時作家，幾乎没有不推崇東坡的。東坡（西元一〇三六——一一〇一）在世即享大名，其詩之流傳於韓國，大抵晚於中國一百年左右。由此觀之，杜詩亦必在我國流傳了一段時日之後，才可能在韓國流傳。

杜甫和李白雖爲同時代人（李長杜十一歲），同爲後人所崇仰，但二人際遇完全不同，李白在世即享大名，而且連皇帝都慕名召見；杜甫在世，不但際遇極爲坎坷，而且也没有受到應有的重視，名聲遠不及李白。儘管其後之元稹（七七九—八三一）及白居易（七七二——八四六）極力推崇杜甫。元稹在杜工部墓係誌中，甚至以爲「自詩人以來，未有如子美者。」但終唐一世，杜詩始終未能普遍流傳。在今傳世的九種唐人編輯的詩選集中⑲，除了唐末五代人韋莊所輯之又玄集外，餘皆未選杜詩。所以葉綺蓮女士在「杜工部集源流」一文中說⑳：

……選詩者（指前所云唐人九種詩選集之編輯者）良莠不齊，不錄杜詩猶有可說；而與杜甫同時之大詩人如李白、高適、岑參、元結等，對杜甫亦不甚重視。李白、高適於杜詩不讚一詞，唐本事詩載李白譏杜云：「飯顆山頭逢杜甫，頭戴笠子日卓午，借問別來太瘦生，總爲從前作詩苦。」似亦非空穴來風也。岑參於天寶十一年與杜甫、高適、薛據同遊慈恩寺塔，登高賦詩，題云「與高適、薛據同登慈恩寺」。將同遊的杜甫略而不提……若非杜公當白無藉藉名，何以遭人冷落至此？是以杜公所謂：「今人嗤點流傳賦，不覺前賢畏後生。」（戲爲六絕句），「輕薄爲文哂未休，爾曹身與名俱滅，不　江河萬古流。」（戲爲六絕句），亦皆有感而發也。

杜甫身後之名雖極彰顯，但在世時卻並未受到應有之重視，由葉文所言，可見一斑。雖然後來韓愈和元、白，都給予杜甫相當高的評價，但是並無助於杜詩的流傳。及至宋朝，詩風爲之一轉。沉埋已久之杜詩，此時已頗受矚目。尤其到了王洙所輯的杜工部集刊行（西元一〇三九年）後，杜詩更是日益走紅。在此之前，雖已有樊晃輯的杜工部小集，及顧陶選本、晉開運二年本等。但樊晃的小集只蒐詩二九〇首，流傳並不廣，而顧本及晉本更是久已失傳。在我國，杜詩之流傳亦要到王洙本刊出後始漸普遍。可見在西元一〇三九年，王洙本刊出前，杜詩不但不可能在韓國普遍流傳，即使在我國也未廣受矚目。

更何況在韓人歷代刊刻之杜詩集中，並無以上三本（詳見第三章）。且在韓人歷代之詩話和詩文集中，亦未見論及以上三本之文字，可見三本皆未傳入韓國。由此看來，杜詩在西元一〇三九年以前，是不太可能傳入韓國的。退一步說，容或在此之前，已有若干零星詩篇如高都護驄馬行、八哀詩中哀王司空思禮等與韓人有關之詩歌，已經傳入韓國，然恐亦未能形成大氣候也。

就韓國現有的資料來看，最早提到杜甫的是林椿的謝見訪㉑：

長安霖雨後，思我遠相過。
寂寞蝸牛舍，徘徊駟馬車。
恒飢窮子美，非病老維摩。

莫署吾門去，聲名恐更多。

所謂「恆飢窮子美」，已明確的提到了「子美」，而且「恆飢」一詞，本出自杜詩狂夫㉒。可見林椿不但知道杜子美這個人，而且顯然對杜詩還頗爲精熟。林椿生卒年不可考，只知道他卒於仁宗年間（西元一一二二—一一四六）。

和林椿同時，亦卒於仁宗年間的鄭知常（？——一一三五），他的海東三疊（亦標送人或大同江）的結尾云：

雨歇長堤草色多，送君南浦動悲歌。
大同江水何時盡，「淚遙年添綠波」。

其中「別淚年年添綠波」句，乃是由杜甫別「別淚遥添錦水波」（奉寄高常侍）句點化而出。

又與林椿同時，仁宗時人盧永緩之投某官詩㉓云：

宦海風波惠，窮鱗去路停。
老妻容寂寞，稚子淚飄零。
衰髮千年鶴，殘生十月螢。
辱如思不薄，阮眼一回青。

其中「老妻容寂寞，稚子淚飄零」句，與杜甫江村詩中的

老妻畫紙爲棋局，稚子敲針作釣鈎。

句相比較，則頗見摹襲之痕。

以上所提到的三位詩人，都是仁宗時候的人，他們的詩歌，不僅都有摹襲杜詩的痕　，而且林椿的詩中，更明白的提到了杜甫。

此外，韓國最早的詩話破閒集，對杜詩可謂極盡推崇㉔：

自雅缺風亡，詩人皆推杜子美爲獨步、豈唯立語精硬，刮盡天地精華而已……。

同書又云㉕：

是以自孔、孟、荀、楊，以至韓、柳、李、杜，雖文章德譽，足以聳動千古，而位不登於卿相矣。

破閒集的作者李仁老（西元一一五二—一二二〇），較前面提到的三人稍晚了一二十年，但這時杜詩已極受到韓國詩人的推崇了。可見傳入時間必在此之前。

與李仁老同時的李奎報（西元一一六八—一二四一），在他所寫的吳先生德全哀詞并序中云㉖：

（先生）爲詩文得韓、杜體。雖牛童走卒，無有不知名者。

杜詩已經成體，可見此時杜詩傳入韓國已有相當時日。序中云：

予年方十八，猶未冠，公已五十三矣……從遊僅三稔，雖不能盡襲蘭芳，具漬餘膏亦多矣。

李奎報年十八，吳德全已五十三，從遊三載，吳德全即過世。以此推知，吳德全應生於西元一一三三年，卒於西元一一八九年。李奎報作吳先生德全哀詞即在一一八九年。這時杜詩不但已普遍流傳於韓國，而且已經成體，頗爲韓國詩人所摹襲。沒有七、八十年的時間，不可能發展成這樣的局面。

綜合前面的討論，有關杜詩傳入韓國的時間，大約可以得到一個初步的結論：杜詩傳入韓國的可能時間，應該在王洙本刊出（西元一〇三九年）之後，但不得晚於林椿、鄭知常、盧永綏等人去世前（西元一一三五）；按照李奎報吳先生德全哀詞并序所呈現的意義來看，甚至於在西元一一〇〇年左右（十二世紀初），杜詩應該已經傳到韓國了。

【附　註】

① 東方雅誌復刊第一卷第四期頁五十——五十五。

② 見談書第一章由韓國詩話窺測中國詩之東移。頁十六。

③ 韓國漢城市亞細亞文化社發行。頁五十八。

④ 同③頁八十二。

⑤ 大陸雜誌二十二卷第五期頁一三九。

⑥ 該文發表於一九六五年，韓國語文學會語文學第十三號。

⑦ 該書爲李昌龍先生於韓國成均館大學中文研究所之博士論文（一九七六），是近年來韓國學者研究杜詩的傑出著作。

⑧ 他認爲張延祐的寒松亭受到杜詩的影響，而張延祐卒於一〇一六年，照他的推論，杜詩應該在一〇一六年以前即已傳入韓國，且對韓國詩壇造成影響。不過本人不能同意這樣的看法。後面第三節，舊說的檢討及第四節個人淺見中，對此說有所檢討。

⑨ 高麗史樂志中蒐有此詩。

⑩ 此一說法在朝鮮詩評家徐居正的東人詩話中已經提到了；李丙疇先生在「杜詩的比較文學的研究」一書中也曾提出同樣的看法。

⑪ 這是全英蘭小姐的博士論文，由李鍌教授指導。

⑫ 見「韓國詩話中有關杜甫及其作品之研究」頁三。

⑬ 韓國漢城市亞細亞文化社出版「杜詩的比較文學的研究」頁十四。

⑭ 高麗史卷十、宣宗八年條。

⑮ 金永驥先生古稀紀念論文集，徐首生撰杜詩槿域傳來的時期及諺解之失誤。

⑯ 韓國漢城市一志社出版，李昌龍韓中詩的比較文學的研究頁一二二—一三〇。

⑰ 卷三。

⑱ 沆瀣丙函卷五叢秘記。

⑲ 唐人所輯之九種詩選集爲：殷璠河嶽英靈集、高仲武中興間氣集、芮挺章國秀集、元結篋中集、令狐楚御覽詩集、姚合極玄集、韋莊又玄集、韋縠才調集及無名氏搜玉集。

⑳ 書目季刊　卷　期頁十九—四十六。

㉑ 見東文選卷之九、五言律詩部分。

㉒ 杜狂夫詩：萬里橋西一草堂，百花潭水即滄浪。風含翠篠娟娟淨，雨裛紅蕖冉冉香。厚祿故人書斷絕，恆飢稚子色淒涼。欲塡溝壑唯疏放，自笑狂夫老更狂。

㉓ 同注㉑

㉔ 卷中。

㉕ 卷中。

㉖ 見東文選卷之一百十六哀詞類。

第二節　杜詩在韓國大行其道的原因

有關杜詩傳入韓國的時間，大抵已如前述。但是傳入之後，就日益走紅，而且歷久不衰，仔細推究個中原因，不難發現：一則固然是由於杜詩本身的吸引力有以致之；再則杜甫在韓國的運氣似乎特別好，由於時勢使然，造成了杜詩非走紅不可的局面。

杜詩本身的吸引力極強，韓國歷代詩人學者，對杜詩之推崇可謂不遺餘力，本書第四章對此一問題有詳細之說明，在此不再贅論。至於第二個原因，則頗有詳加論述之必要。

韓國歷代詩人，不僅對杜詩推崇備至，他們對杜甫在詩中所表現之「忠君愛國」的思想，尤其激賞。如李仁老評金相國永夬詩云：

> 自雅歇風亡，詩人皆推杜子美爲獨步，豈唯立語精警，刮盡天地菁華而已。雖在一飯，未嘗忘君，毅然忠義之節，根於中而發于外，句句無非稷契口中流出，讀之足以使懦夫有立志，奎瓏其聲，其質玉乎，蓋是矣！①

杜甫是個詩人，評定一個詩人，不去談他的詩，卻對「一飯未嘗忘君」、「毅然忠義之節」讚不絕口，實在有乖常理。其後，李奎報在白雲小說裡頭，也說過同樣的話：

> ……孔子三月無君，則皇皇如也。杜子美在寒窘中，句句不忘君臣之大節，況名將如公者（金仁鏡），雖在閫外，戀戀有愛君之心，固其宜也……。②

韓人稱美忠愛之士，每多比之於杜甫，前例李奎報評金仁鏡上進詩，固是如此，而東人詩話之稱美李益齋，亦比之於杜甫：

> ……古人稱杜甫非特聖於詩，詩皆出於憂國憂民，一飯不忘君之心。如避地　州達行在，間關崎嶇，其哀王孫、悲陳陶等篇，可見其志之所存。高麗忠宣王被讒，竄西蕃，益齋李文公萬里奔問，忠憤蕩然……。③

益齋之萬里奔問，與杜甫自長安奔問奉翔，如出一轍，因以杜甫相比。不僅一般文士對杜詩所表現的忠愛之情，至爲激賞，而當權在位的國君，尤其欣賞這種忠心不貳的臣子。不但欣賞，而且還希望別人向他們學習，以他們爲偶像。所以韓國歷代國君，對杜甫總是推崇有加。甚至還透過政府的力量，勸一般臣子習讀杜詩，希望一般的臣子，也能像杜甫一樣忠心不貳。成宗實錄云：

杜詩，詩之祖，前司成柳允謙，傳受其義父方善，頗精熟，請令年少文臣受業。上曰：「可」。④

這種透過政府力量來宣揚杜詩的做法，在韓國固然是空前的，即令在我國，也從沒見過這樣的場面。不僅一般少年文臣要讀杜詩，甚至連在上至尊，也要進講杜詩。成宗十五年，權建曾啟奏：

昔太宗欲進講杜詩。杜詩詩史，都是忠君愛國之辭，而臣祖權近，猶以爲不可不進講。⑤

最後成宗竟眞接受了。對杜詩的重視，朝野是一致的。尤其在李朝初年，社會動盪不安，李氏朝鮮，頗有意借助我國之儒術，以期導致國家太平。因此大事變革文物制度、以崇儒爲當務之急，極力宣揚「忠君愛國」之政治思想。因而處處表現「忠君愛國」思想的杜詩，甚爲當道之所激賞，於是乃全力提倡杜詩。所謂全力提倡，一方面是鼓勵大家讀杜詩，另一方面就是大量刊印杜甫的詩集，大量註釋及翻譯杜甫的詩歌。從頭一點鼓勵大家讀杜詩來看，可以說做得極爲成功。當時一般文人，動不動就引杜詩以抒己懷。如：

殿下既微示大志。臣友李維泰嘗言：「聖上果有大志，則雖無才智者，亦且奮起，以備石壕婦晨炊之役可也」云云。故臣雖甚庸下，敢膺君旨來爾。⑥

所謂「備石壕婦晨炊之役」，是用杜詩「石壕吏」中的詩意。一般文人，運用杜詩如此純熟，足見杜詩之深入人心。文人熟讀杜詩，也許不足爲奇，但連武人也隨口吟出杜詩，甚至提出質疑，這就不得不讓人驚奇了：

……有武人，擧杜詩問於人曰：「白也詩無敵，繼之曰清新庾開府，俊逸鮑參軍。既曰無敵，則何以但比庾鮑也？」其人不能答。然則武人亦未可輕也。⑦

連武人對杜詩都能如此精熟。可見當時提倡杜詩之成功。

關於第二點，大量註釋、翻譯及刊刻杜詩集，也有極優異的表現。就現有文獻來看，高麗朝至少刊刻過「杜工部草堂詩箋」及「集千家註杜工部詩史補遺」⑧，而李朝刊刻過的杜詩集，更遠非高麗可比，至少在十種以上，而且絕大部分是「官修本」。從這些官修本的序跋，可以很清楚的看出，他們編纂刊刻杜詩之目的。如：杜詩諺解初刊本序云：

臣竊惟，詩道之關於世教也大矣，上而郊廟之作，歌詠盛德，下而民俗之謠，美刺時政者，皆足以感發懲創人之善惡，此孔子所以刪定三百篇、有無邪之訓也。詩至六朝，極爲浮靡，三百篇之音墜地。子美生於盛唐，能抉剔障塞，振起頹風，沉鬱頓挫，力去淫艷華靡之習。至於亂離奔竄之際，傷時愛君之言，出於至誠，忠憤激烈，足以聳動百世，其所以感發懲創人者，實與三百篇相爲表裡。而指事陳實，號稱詩史，則豈後世嘲風詠月，刻削性情者之所可擬議耶。然則聖上之留意是詩者，亦孔子刪定三百篇之意，其嘉惠來學，挽回詩道也，至矣。噫，三百篇一刪於孔子，而大明於朱氏之輯註。今是詩也，又因聖上而發揮焉！學詩者，苟能模範乎此，臻無邪之域，以抵三百篇之蕃垣，則豈徒制作之妙，高出百代已耶，我聖上溫柔敦厚之教，亦將陶冶一世，其有補於風化也，爲如何哉！」⑨

視杜詩之「傷時愛君」、「忠憤激烈」，可與三百篇相表裡。而「聖上留意是詩者，亦孔子刪定三百篇之意」，所以杜詩可以「陶冶一世」，「有補於風化」。金訢的翻譯杜詩序，和曹偉這篇序的內容，如出一轍：

……上自朝廷治亂之跡，下至閭巷細碎之故，咸包括而無遺……謂之「詩史」，不亦可乎。而其愛君憂國之誠，充積於中，而發見於詠歎之餘者，自不容掩，使後之人，有以感發而興起焉。此所以羽翼乎三百篇，而爲萬代之宗師也……恭惟主上殿下，潛心聖學，日御經筵，六經諸史，無不畢究，又能留意於詩道，有關世故，而特命詞臣，首譯子美之集……而殿下所以掩前古，卓冠百王，振起詩道，挽回世教之幾，亦可因是以仰窺萬一也……涵濡以探其閫奧，而必以稷契許其身，而以一飯不忘君爲其心，則子美庶幾可學。而辭語之妙，聲律之工，特其緒餘爾……若夫馳騖於風雲月露之狀，而求工於片言隻字之間而已，則其學子美亦淺矣。豈聖上所以開示學者之意耶⑩

將這兩篇序文放在一起，可以清楚看出，子美可學之處，是在於「稷、契許其身」，「一飯不忘君」，至於「辭語之妙，聲律之工」只是「餘」事。「豈聖上所以開示學者之意耶？」直到正祖編杜陸分韻和杜陸千選，都是秉持這樣的態度：

……上嘗教曰：「聖明之治，本之禮樂。而成均教胄，以樂爲先，詩亦樂教中一事，詩教弛，而求三百篇之遺意於後世能言之士，唯杜甫、陸游近之，律尤其聖也。今所以表彰二子，蓋欲砭俗矯時，反之詩樂之正也」。⑪

提倡杜詩，是因爲杜詩「砭俗矯時，反之詩樂之正」，是因爲他合於詩教，得「三百篇之遺意」。正祖好杜，是人盡皆知的事。在他當太子時，就已對杜詩情有獨鐘，即位之後，主持編纂杜陸千選，事必躬親，甚至連序、跋都親爲制定。爾後提倡杜詩，更是不遺餘力。所以丁若鏞不禁有「聖人猶好草堂詩」之歎。上有所好，下必甚焉，這是放諸四海而皆準的道理，在這種情形下，杜詩焉能不普遍流傳？

在李朝世宗大王頒布「訓民正音」（韓國現今通用的文字）之前（一四四六），韓國人一向沿用我國文字。所以當時韓人閱讀由我國傳入之杜詩集子及註本，毫無困難，無需再加註釋，但自頒布訓民正音之後，一般人反倒覺得不便，甚至對訓民正音頗爲排斥，世宗大王爲了扭轉此一形勢，所以大力提倡「忠君愛國」的杜詩，籍以喚起一般人的民族意識，使他們能認同訓民正音，希望他們從此以後能夠使用韓國人自己的文字。其後，韓人果然漸漸習用他們自己的文字了。

特別是在李朝初期，社會動盪不安，李氏朝鮮，頗有意籍助我國儒學，以期導致國家太平。於是大事變革文物制度，以崇儒爲當務之急，以期早日結束動亂，導致太平。於是極力宣揚「忠君愛國」的思想。原本已甚爲韓人喜愛，而又處處表現「忠君愛國」思想的杜詩，很自然的就被視爲最具有「

社會教化」作用的詩篇，所以極爲當道所提倡。

因爲基於這些特殊因素的考慮，所以大力提倡杜詩，因而連帶對杜詩的譯註工作，也極爲留意，世宗實錄裡面，有這樣一段記載：

（世宗）命購杜詩諸家註于中外，時令集賢殿參校諸家註譯，會粹爲一……。⑫

透過政府的力量，對杜詩作全面的譯注和提倡的工作，在這種情況下，杜詩怎能不紅？

【附　註】

①　破閒集卷中。
②　白雲小說。
③　徐居正東人詩話。
④　成宗實錄卷一二二。
⑤　成宗實錄卷一七〇。
⑥　宋時烈，宋子大全卷七。
⑦　車天輅五山說林草稿。
⑧　詳見第三章第二節。

⑨ 杜詩諺解初刊本曹偉序。

⑩ 金靳翻譯杜詩序。見顏樂堂集卷二。

⑪ 正祖杜陸分韻序。

⑫ 世宗實錄卷一百。

第三節 歷代流傳情形

關於杜詩何時傳入韓國，本章第一節已有詳論，此處不再贅述。本節只就杜詩傳入韓國之後，從高麗到朝鮮，到大韓民國時代，各代流傳情形。及歷代詩人、學者，對杜詩的態度，略作介紹。

一 高麗時期

韓國目前傳下來最早的詩話，是高麗初、中葉之交，李仁老所撰的破閒集。在破閒集裡頭，對杜甫眞是稱譽有加。本章第一節論杜詩傳入韓國時間，已引了幾則李仁孝破閑集中稱譽杜詩的文字，此處不再贅引。

杜甫在韓國，才剛出場，就氣勢非凡。可見在高麗初期的詩人，對杜甫就佩服不已了。從本章第一節所引破閒集評杜的文字來看，似乎所有稱美一位詩人的最佳詞彙，都被囊括了。既「獨盡其妙」，又「皆稱獨步」，甚至還與孔、孟並列。除了杜甫以外，不知還有那位詩人得到過這麼崇高的讚譽？杜甫在高麗詩壇的身價，也就可想而知了。

自李仁老以後，高麗朝的一流詩人，對杜甫都稱讚不已。如李奎報、李齊賢、崔滋等大家，對杜甫都給予極高的評價④。直到麗季末葉的大詩人李穡，還一如李仁老般的，把杜甫比之如孔、孟，以爲自杜以後，無人能繼，而感歎不已。他的兩首讀杜詩，對杜甫都同樣充滿著仰慕之情。

讀杜詩⑤　李穡

操心如孟子，紀事如馬遷。
文章振厥聲，惻怛全爾天。
法服坐廊廟，禮樂趨群賢。
門牆高數仞，後來徒比肩。
何曾望堂奥，矯首時茫然。

讀杜詩⑥　李穡

錦里先生豈是貧，桑麻杜曲又回春。
鈎簾丸藥身無病，畫紙敲針意更真。
偶值亂離增節義，肯因衰老捐精神。
古今絶唱誰能繼，馥殘膏丐後人。

少陵竟被目爲孟子、子長、甚至孔子，而成了後無來者，獨一無二的詩聖。而且還牙惠了許多後人。不管當時的詩壇是唐詩的天下，還是宋詩的天下，杜甫在高麗始終没有被冷落過。

就是因爲他在詩壇上一直受到尊崇，所以和杜詩似乎慢慢變成了一種風氣，一時名家如李奎報、李穀、韓脩、鄭夢周等人，都有和杜詩之作⑦。且舉李穀一首爲例：

人日讀杜詩仍用其韻⑧

元日至人日，兒童數歲時。
一年行又減，百歲豈云遲。
事業南柯夢，英雄上蔡悲。
何當問花柳，信馬雨絲絲。

當時的詩人，既要讀杜詩，又要和杜韻，與人論詩時，還經常要引用杜詩以爲比況，所以對杜集的需求，自然是十分迫切的。在高麗的文獻中，最早提到杜集的是古歌謠集樂章歌詞裡所記載，由高宗朝（一二二四——一二五九）諸儒合作的翰林別曲⑨。

……唐、漢書，莊、老子，韓、柳文集，李、杜集，蘭台集，白樂天集……。

這些詩文集，在當時想必是十分流行的。雖然現在已經無法看到高麗朝刊刻的杜詩集，但我們仍可發現高麗曾經刊刻杜詩集的事實。黎庶昌編的古逸叢書，在錢謙益絳雲樓叢書目我們仍可發現高麗曾經刊刻杜詩集的事實。黎庶昌編的古逸叢書，在錢謙益絳雲樓叢書目錄前所附的識跋，就曾提到有高麗刻本的「草堂詩箋」。⑩可知，高麗確實曾經刊刻過杜集。黎氏所指的高麗本，應該是據宋蔡夢弼所撰杜工部草堂詩箋，及黃鶴補註的集千家註杜工部詩史補遺兩本而覆刻的，這些刊本，足以證明杜詩在當時流傳之普遍。

二　朝鮮時期

從杜詩傳入韓國算起，直到現在，大概要數朝鮮時期流傳得最爲普遍，影響也最爲深遠。這一時期，不僅根據我國傳來的杜集大量覆刻刊行，而且韓人也開始自行註釋、翻譯及編纂杜詩，這對杜詩的普遍流傳，是極有幫助的。從世宗開始，一直到哲宗，刊行過許多次。茲列一簡表如下：

世　宗：纂註分類杜詩二十六卷。⑪

成　宗：杜詩諺解（即分類杜工部詩）二十五卷。⑫

　　　　纂註分類杜詩二十六卷。⑬

　　　　虞註杜律（七言）二卷。⑭

　　　　趙註杜律（五言）二卷。⑮

　　　　須溪先生批點杜工部七言律詩一卷。⑯

燕山君：讀杜詩愚得十八卷。⑰

中　宗：纂註分類杜詩二十六卷。⑱

光海君：纂註分類杜詩二十八卷（據二十六卷本，另加入杜工部文集二卷。）⑲

仁　祖：重刊杜詩諺解二十五卷。⑳

纂註杜詩澤風堂批解二十六卷。㉑

孝　宗：纂註分類杜詩二十八卷。㉒

正　祖：杜陸千選八卷。㉓

三大家詩集二十二卷。㉔

杜律分韻四卷。㉕

哲　宗：虞註杜律（五言）二卷。㉖

日據時期：（一九一三）虞註杜律二卷。㉗

此外尚有部分刊本，年代已無法考知。如：

須溪先生批點杜工部詩三卷。㉘

杜工部分類五言律詩二卷。㉙

杜律七言一卷（袖珍本）。㉚

杜律二卷。㉛

杜工部詩范德機批選（卷數不詳，今存殘卷）㉜

范太史精選杜詩（卷數不詳，今存殘卷）㉝

朝鮮前後計約五百年（一三九二—一八九六），所刊刻的杜詩集竟然有十餘種之多，而且其中部分較受歡迎的本子，還先後刊印過好幾次。如虞註杜律前後計有八種版本，杜律分韻也有八種版本，纂註分類杜詩至少有五種以上的版本。其他如杜陸千選、讀杜詩愚得、纂註杜詩澤風堂批解、杜詩諺解重刊本等，都至少有兩種以上的版本。最值得注意的是，在一九一三年日據時期，居然還刊行了虞註杜律。由以上的簡表，充分顯現出杜詩在朝鮮時期流行之普遍。

在這個時期，不僅刊刻的杜集特別多，而且讀杜詩，和杜韻的風氣，較高麗時代尤有過之。當時的名家，幾乎每個人的詩文集裡頭，都留下了讀杜詩和杜韻的詩篇。如卞季良㉝、柳方善㉞、金宗直㉟、盧守愼㊱、高敬命㊲、鄭澈㊳、崔岦㊴、車天輅㊵、申欽㊶、李植㊷、張維㊸、金昌協㊹、丁若鏞㊺、申緯㊻等，都有和杜韻的作品。和韻詩通常都是應酬或遊戲之作，但這些大家的和杜諸作，也不乏佳構。如：

次老杜韻㊼　鄭澈

霽月光初滿，頑雲撥不開。
今宵好風景，何處有亭台。
盛會難頻得，佳辰不再來。
如何老杜句，一詠一回哀。

又如車天輅之

八月十七日晨坐用老杜秦州雜詩韻㊽

海內知音少，人間行路難。

但令心事在，未見淚痕乾。

土木形骸老，蛟龍匣劍寒。

尚堪揮健筆，賈勇上騷壇。

車天輅用同一題目作了十五首，也和了少陵十五首，這是其中的一首。在高敬命、尹善道等人的詩集裡，甚至還有集杜句的詩㊾。而成俔之仿杜作七歌㊿，李翔仿杜作三吏三別(51)，申欽仿曲江三章(52)，權𩒥之仿石壕吏(53)，丁若鏞亦仿三吏三別而作石隅別、沙坪別、花潭別及龍山吏、波池吏、海南吏(54)。至於其他襲杜句之作，就更不勝枚舉了。

到了朝鮮末，有一現象頗值得注意，即部分詩人對杜詩，乃至對杜詩歷代注本所提出的評論，或注釋，爲數頗不在少，而且頗有見地。詳見第三章，第三節歷代之零星註釋。

綜觀前面的敘述，杜詩在朝鮮受歡迎的程度，及流傳之普遍，似較我國猶有過之。這固然是杜甫之幸，但又何嘗不是朝鮮之幸呢？

三　大韓民國時期

到了大韓民國時代，杜詩已不再如麗、鮮兩朝那麼風光了。因爲韓人已經習用「訓民正音」。對現代的韓人來說，中文已經是一種外國語文，一般人没有必要去學，即使去學，也是抱著一種學外國語文的心理，絶不可能再像麗、鮮兩朝的人，對中文那麼運用自如，完全看成自己的母語一樣。更何況經過日據時代，受日人的統治與凌虐，民族意識大爲提高。光復之後，不僅造成强烈的反日情緒，而且也一度刻意的排斥中國文字，在這樣的情況下，懂中文的人自然少了，接觸中國古典文學的人更少了。杜詩的流傳，當然無法和麗、鮮兩朝相比了。但是，也不必太失望，杜詩在韓國並没有因此而壽終正寢，相反的，杜詩還是活在韓國人的心中，而且，在韓國學生的嘴裡，隨時都可能吟出幾首杜詩。因爲在韓國大學及中學的國文課本裡，就收錄了十幾首杜詩。李丙疇教授在韓國的杜詩一文中說：

> 自光復以後，國學研究之熱，日復熾盛。而以杜諺抄爲各大學必須之科。至於高等學校之國語教材，採入絶句二首、江南逢李龜年、春日憶李白、月夜憶舍弟、登岳陽樓、蜀相、登高、貧交行、高都護驄馬行等，十有餘篇。今後我思想界之於杜子美，終不可諼兮。㊺

韓國人對杜甫的感情，實在令人難以想像，他們已經把杜甫韓國化了，他們把杜詩視同韓國文學看待。前後化了四十年時間才完成，足以讓韓人引以爲傲的杜詩諺解㊻，就是杜詩韓國化之下的産物。

不僅如此，現代韓國漢學家從事杜詩研究的人，也不在少數，而且成績十分可觀。這其中，又以對杜詩諺解的研究最具成績。光是李丙疇教授一人，有關杜詩諺解方面的著作，就有杜詩諺解註釋、杜詩諺解批註、杜詩諺解抄、杜詩諺解講義、杜詩諺解解題、及改編杜詩諺解鈔等書。而全在昊的杜詩諺解論釋，池浚模的杜詩諺解的註釋與翻譯的考察，及鄭義順的杜詩諺解與諺解史的研究等。都是極有分量的作品。

杜甫和其他詩人的比較，尤其是與李白的比較，似乎也是一個熱門的話題。較早的有李丙疇的李白杜甫之比較論，車柱環教授的李、杜、元、白的詩說，近幾年有郭利夫的李白杜甫詩歌交往之考察，元鍾禮的杜甫蘇軾朱熹詩論之比較研究。而李丙疇的李杜優劣論索引，則是蒐集這一方面研究成果的專文。

對於杜甫作品的研究，則更是近年來杜詩學者研究的新趨勢。早期如李丙疇教授之杜甫秋與八首蕘解，具壽榮的杜甫的憶李白詩研究。近年這方面的研究論文頗多，如：尹光鳳的杜甫的高都護驄馬行考、杜詩中的劍器舞考，南潤秀的杜甫八哀詩探討，黃宣周的杜詩月夜考，全英蘭的杜甫秋興八首考等，都很有參考價值。

南潤秀李白及杜甫的生涯，金載雨杜甫的思想辨證等，則是有關杜甫生平及思想之研究；李炳漢三家（李白、杜甫、白居易）詩論，黃宣周杜詩理論等，則是有關杜甫詩論的研究；李昌龍韓國詩文學受杜甫影響之研究中、韓詩的比較文學的研究，及徐風城杜甫對後世詩人的影響，全英蘭韓國詩話中有關杜甫及其作品之研究，以上則是杜詩對韓國詩壇所生影響的研究。

此外更有不屬於以上各類的研究，如元鍾禮杜甫紀行詩的抒情性研究，殷茂一杜甫的故事詩小考，李丙疇杜甫的比較文學的研究、韓國文學上的杜詩研究，金載雨杜詩的研究，殷富基杜甫研究等。

以上所舉，只是就各類研究當中，列出具有代表性之作品。現代韓國對杜詩之研究，絕不止於這樣的面目。

從高麗時代起，經過朝鮮，到大韓民國，杜甫在韓國人心目中的分量，始終不減。尤其是到了大韓民國的時代，杜詩居然能進入大、中學生的「國文」課本中，使杜甫能在現代韓國人的心目中，留下深刻的印象，實在是一件令人十分感動的事。

【附註】

① 李仁老破閒集卷上。

② 同註①卷中。

③ 同註①卷下。

④ 李奎報的白雲小說及東國李相國集，李齊賢的櫟翁稗說，崔滋的補閑集，對杜詩都有極高評價，詳見附錄韓國杜工部詩話集錦。

⑤ 李穡牧隱詩稿卷八。

⑥ 同註⑤。

⑦ 李奎報東國李相國集卷十一有「辛酉五月草堂端居無事掃地之暇讀杜詩成都草堂詩韻書閒適之樂五首」，乃和少陵將赴成都草堂先寄嚴鄭公五首」之韻。
李穀稼亭集卷十八有「人日讀杜詩仍用其韻」，和少陵「人日二首」之一。
韓脩柳巷集（全一卷）有「夜坐次杜工部詩韻」，乃和少陵「送高三十五書記」韻。
鄭夢周圃隱集卷二有「春」詩，乃和杜少陵之「春夜喜雨」詩韻。

⑧ 李穀稼亭集卷十八。

⑨ 見高麗史卷七十一樂志二。

⑩ 黎庶昌古逸叢書卷四十六。

⑪ 刊行於世宗二十年（一四三八），今仍有全本流傳，甲寅銅活字印行。

⑫ 刊行於成宗十二年（一四八一），今只傳殘卷，以乙亥銅活字印行。

⑬ 成宗十六年刊行（一四八五），今傳全本，以甲辰銅活字印行。

⑭ 刊行於成宗二年（一四七一），今傳全本，以本板刊行。

⑮ 據筆苑雜記卷四謂刊行於成宗朝，唯刊年不詳，今仍傳全本，唯以本版刊行。

⑯ 與成宗十二年刊行之杜詩諺解同爲乙亥銅活字，可見亦當刊行於成宗朝。

⑰ 於燕山七年（一五〇一）刊行，以甲寅銅活字、乙亥銅活字及木活字混合刊行。

⑱ 刊行於中宗十年（一五一六），以丙子銅活字刊印。今傳全本。

⑲ 刊行於光海君七年（一六一五），以都監本活字刊印。今傳全本。

⑳ 刊行於仁祖十年（一六三二），以木板刊印，今傳全本。

㉑ 此書於仁祖年間曾刊行，唯今所傳者爲英祖十五年（一七三九），以木板刊印者。今傳全本。

㉒ 於孝宗朝刊行，唯刊年不詳，以本板刊印，今傳全本。

㉓ 刊行於正祖十三年（一七九九），以丁酉銅活字刊印，今傳全本。

㉔ 刊行於正祖六年（一七八二），以韓構活字刊印，今傳全本。

㉕ 刊行於正祖二十二年（一七九八），以整理銅活字刊印。

㉖ 哲宗時刊行，唯刊年不詳，以木板本刊印。

㉗ 於日據時期一九一三年刊行，以木活字刊印，前附池松旭之序。

㉘ 刊年不詳，以木板刊印。

㉙ 此本據趙註杜律分類，刊年不詳，以本板刊印。

㉚ 此本實即虞註杜律，刊年不詳，以木板刊印。

㉛ 此書綜合趙註之五律及虞註之七律爲一，以木板刊印，唯刊年不詳。

㉜ 此書以木板本刊印，且有安彭壽及蔡世英之跋文，或爲中宗（一五〇六—一五四四）朝所刊行。

㉝ 春亭集卷一有「春雨」詩，蓋和少陵「春夜喜雨」。

㉞ 泰齋集卷三有「古柏」詩，蓋和少陵「古柏行」。

㉟ 佔畢齋集卷七有「春塘用工部韻賀雨次韻二首」，蓋和少陵「春夜喜雨」。
㊱ 蘇齋集卷三有「人日」詩，蓋和少陵「人日二首」。
㊲ 霽峰集卷一有效杜陵江頭暮行詩。
㊳ 松江原集卷一有「次老杜韻」，蓋和少陵「遣愁」。
㊴ 簡易集卷六有「九日次杜韻」，蓋和少陵「九日藍邊崔氏莊」韻。
㊵ 五山集卷一有「八月十七日晨坐用老杜『秦州雅詩』韻十五首」，益和少陵「秦州雅詩二十首」。
㊶ 象村集卷七有「次杜少陵曲江三章」。
㊷ 澤堂集續集卷一有「次老杜『客從』韻三首。
㊸ 谿谷集卷三十一有「次杜陵秋與八首」韻。
㊹ 農巖集卷四有「還山馬上偶記杜詩令崇兒次之仍自賦」，蓋次少陵「赤谷西崦人家」韻。
㊺ 與猶堂全書卷二有「秋興八首次杜韻」。
㊻ 警修堂全稿卷八十一有「余一生詩盟在申蘇入杜而尹竹史既望無月之什輿余詩韻不謀而同可善其詩盟之又輿我敦也爲用韻答之」，蓋私少陵「江上值水如海勢聊短述」詩。
㊼ 見註㊳。
㊽ 見註㊵。
㊾ 高敬命霽峰集卷四及尹善道孤山遺稿卷一均有集杜詩。

㊿ 虛白堂集卷四。

51 打愚遺稿卷一有遠征行、崔租吏等詩，自謂仿三吏三別。

52 象林集卷七。

53 石洲集卷一有「切切何切切」，乃仿石壕吏之作。

54 與猶堂全書卷五。

55 該文發表於大陸雜誌二十二卷五期。

56 杜詩諺解原名爲「分類杜工部詩」，從世宗二十二年（一四四〇）開始編纂工作，直到成宗十二年（一四八一）才完成刊出，前後歷時四十年。

第三章　韓國歷代編註刊印之杜詩概況

第一節　韓國歷代註釋及編纂之杜集

韓國與我國關係至爲密切，在第一章裡面，已有詳論。在李朝世宗大王以前，韓國人一直是使用中文的，到了世宗大王二十八年（一四四六），頒布「訓民正音」之後，中國文字才慢慢的退出朝鮮半島。在此之前，韓國人閱讀中文書籍，沒有任何困難，甚至完全運用自如。但到了世宗二十八年以後，韓國創造了自己的文字，時日久了之後，除了那些仍讀中國書的士大夫之外，一般韓人閱讀中文書籍已經發生困難，此時才漸感到對中文書籍有作注釋的必要。所以韓人註釋中國典籍，是晚近四五百年才開始的。而對杜詩的編纂、註釋，乃至翻譯的工作，之所以較其他中國典籍更爲迫切，更爲積極，在本文第二章裡面已經討論過了，不再贅述。以下僅就韓國歷代註釋、編纂及研究杜詩的情形，作一全面之觀察。

韓國歷代註釋、編纂及研究杜詩之著作，在大韓民國以前，絕大部分是官修本，從大韓民國起，除了作爲中學生及大學生國文教材中的杜詩選是官修之外，其餘幾乎都是私人的著述。

一　官修本

㈠纂註分類杜詩二十六卷

這是韓國人從事我國古典詩集注釋的第一本大作，也是韓國人註釋的第一本杜詩。所依據的底本是元劉辰翁批點、高楚芳編纂的集千家註杜工部詩集。李丙疇先生認爲高麗朝鮮時已覆刻過這個本子①，可能是事實，但在文獻中無法找到證據。目前我們看到有關韓國人註釋杜詩的最早文獻是：

……命購杜詩諸家註于中外，時令集賢殿參校杜詩註釋，會粹爲一。故求購之。②

這是世宗二十五年的事情。由世宗主動「令集賢殿參校杜詩注釋，會粹爲一」。世宗實錄同一卷又云：

命檜巖住持卍雨移住興天寺……卍雨及見李穡、李崇仁，得聞論詩，稍知詩學，今註杜詩，欲以質疑也。③

而成俔在慵齋叢話裡面，也提到註釋杜詩的事：

斯文柳休復與其從弟柳允謙亨叟，精讀杜詩，一時無比。皆受業於泰齋先生。先生雖以文章著名，而緣父之罪，禁錮終身，斯文亦不得赴試，世宗嘗命集賢殿諸儒，撰註杜詩，而斯文亦以白衣往參，人皆榮之。④

由此足以看出，當時註釋杜詩，動員了許多精熟杜詩的學者。以上三則文獻，是目前所能見到，紀錄李朝從事杜詩註釋工作的僅有資料，所以經常被人引用。

當時據以註釋的底本是集千家註杜工部詩元大德時（一三〇三——一三〇六）的刻本。原本並沒有分類，當時的編纂者將它分了類，始紀行，終於雜賦，共分七十二門類。以劉辰翁的批解爲藍本，並參酌採用了許多註本，終於在世宗二十年（一四三八）十一月刊行。

(二)分類杜工部詩（杜詩諺解）二十五卷

這是韓國人傾全力去註釋和翻譯杜詩的空前鉅著，它具有讓韓人引以爲傲的成就。從世宗開始，到成宗十二年刊行，總共花了將近四十年的時間才完成。

它是以前面提到的纂註分類杜詩爲底本，在纂註分類杜詩的基礎上，對杜詩作全面的註釋和翻譯的工作。它和纂註分類杜詩最大的不同在於：纂註分類杜詩是用中文作註釋，而杜詩諺解則是用韓文來註釋和翻譯杜詩。對現代的韓國人來說，雖然經過了五百多年的變化，但他們至少還能看得懂用古典韓文註釋和翻譯的杜詩諺解，而純用中文註釋的纂註分類杜詩，他們已經無法閱讀了。

一四四六年，李朝世宗大王創造了韓語字母之後，立刻意識到註釋和翻譯杜詩，以幫助後代子孫，可以輕易讀懂杜詩的重要性，所以馬上展開杜詩諺解的譯注工作。加上後來的成宗，又是一位極度熱心文化事業的國君。李朝成宗不僅是韓國歷代國君之中，刊印書籍最多的一位⑤，而且在成宗十二、三年，正逢天旱，極需大量金錢去救助災民時，他還堅持要撥出大筆鈔票來印春秋和李、杜詩等書，使得當時主持編纂杜詩諺解的柳允謙，也不得不上疏請求停止印書。成宗實錄裡頭，就紀錄了這件事情：

……臣等伏見聖上留意經史，孜孜靡遑，凡在見聞，莫不欣慶。但今年之旱，無異去年，連歲飢饉，近古未有。方務救荒之不暇，而如四傳、春秋、綱目、新增文翰類選、杜詩、李白詩、庸學口訣，皆設局，而供億隨之。若論一日之費則些少，積日之計，則乃活飢民之若干資，恐非今日之急務也。⑥

杜詩諺解的初刊本，是在這種情形下印出來的。

當時被徵召去諺解杜詩的學者如柳允謙、柳休復、曹砧等⑦，都是一時之選。徵召了許多學者，花費了二十幾年的時間，甚至連年乾旱，救荒之不暇，竟然還撥出巨款來刊印杜詩諺解，實在是令人十分感動的。

爲了徹底了解世宗、孝宗等國君刊印編纂杜詩諺解的苦心，我覺得有必要細讀初刊本曹偉的序和金訢的翻譯杜詩序：

杜詩序 曹偉

詩自『風・騷』而下，盛稱李・杜，然其元氣渾茫，辭語艱澀，故箋註雖多，而人愈病其難曉，成化辛丑秋，上命弘文館典翰臣柳允謙等，若曰「杜詩諸家之註詳矣。然『會箋』繁而失之謬，『須溪』簡而失之略，衆說紛紜，互相牴牾，不可不硏覆而一，爾其纂之」於是，廣摭諸註，芟繁釐枉，地里人物字義之難解者，逐節略疏，以便考閱，又以諺語譯其意旨，向之所謂艱澀者，一覽瞭然。書成，繕寫以進，命臣序。臣切惟詩道之關於世教也大矣。上而郊廟之作，歌詠盛德，下而民俗之謠，美刺時政者，皆足以感發懲創人之善惡，此孔子所以刪定『三百篇』有無邪之訓也。詩至六朝，極爲浮靡，『三百篇』之音墜地，子美生之盛唐，能抉剔障塞，振起頹風，沉鬱頓挫，力去淫艷華靡之習，至於亂離奔竄之際，傷時愛君之言，出於至誠，忠憤激烈，足以聳動百世，其所以感發懲創人者，實與『三百篇』相爲表裏，而指事陳實，號稱『詩史』，則豈後世嘲風詠月，刻削性情者之所可擬議邪。然則聖上之留意是詩者亦孔子刪定『三百篇』之意，其嘉惠來學，挽回詩道也，至矣。噫『三百篇』一刪於孔子，而大明於朱氏之『輯註』，今是詩也，又因聖上而發揮焉，學者苟能模範乎此，臻無邪之域，以抵『三百篇』之藩垣，則豈徒制作之妙，高出百代已邪。我聖上溫柔敦厚之敎，亦將陶冶一世，其有補於風化也，爲如何哉。

成化十七年十二月上澣，承訓郎，弘文館修撰，知製教，兼經筵檢討官，春秋館記事官，承文院校檢臣曹偉謹序。

翻譯杜詩序

金訢

惟上之十二年月日，召侍臣，若曰「詩發於性情，關於國教，其善與惡，皆足以勸懲人。大哉，詩之教也，『三百』以降，惟唐最盛，而杜子美作爲首，上薄『風・雅』，下該沈・宋，集諸家之所長而大成焉。詩至於子美，可謂至矣，而詞嚴義密，世之學者，患不能通，夫不能通其辭而能通其訣者，未之有也。其譯以諺語，開發蘊奥，使人得而知之」於是臣某等，受命分門類聚，一依舊本，雜采先儒之語，逐句略疏，間亦附以己意，又以諺字譯其辭，俚語解其義，向之疑者釋，窒者通，子美之詩，至是無餘蘊矣。凡閱幾月，第一卷先成，繕寫投進，以稟睿裁，上賜覽曰『可令卒事』，仍命臣『序之』。臣於子美詩，鹵莽矣，滅裂矣，何能措一辭於其間哉。然待罪詞林，不敢以不能爲辭，則謹拜手稽首颺言曰『臣竊觀子美博極群書，馳騁古今，以倜儻之才，懷匡濟之志，而值干戈亂離之際，飄泊秦隴・夔峽之間，羈旅艱難，忠憤激烈，山川之流峙，草木之榮悴，禽鳥之飛躍，千彙萬狀，可喜可愕，凡接於耳，而寓於目者，雜然有動於心。一於詩焉發之，上自朝廷治亂之跡，下至閭巷細碎之故，咸包括而無遺。觀『麗人行』，則知寵嬖之盛，而明皇之侈心，蠱惑於內；讀『兵車行』，則知防戍之久，而明皇之騎兵，窮黷於外；『北征』書一代之事業，而與『雅・頌』相表裏；『八哀』紀諸賢之出處，而與傳表相上下。謂之『詩史』不亦可乎！而其愛君憂國之誠，充積於中，而發見於詠嘆之餘者，自不容掩，使後之人有以感發，而興起焉，此所以羽翼乎『三百篇』而爲萬代之宗師也。然一語而破無盡之旨，一字而含無涯之味，雖老師宿儒不能得其門而入，況堂室之好耶。觀於『八陣圖』一詩，待子瞻之夢而後定，則其他蓋可知也。恭惟主上殿下，潛心聖學，日御經筵『六經・諸史』靡不畢究，又能留意於詩道，有關世教，而特命詞臣，首譯子美之集，而千載不傳之秘，一朝瞭然，如指諸掌，使人人皆得造其堂而嚌其　也。噫！子美之詩，晦而不明者，歷千有餘年，而後大顯于今，豈非是詩之顯晦與世道升降，而殿下所以　掩前古，卓冠百王，振起詩道，挽回世教之幾，亦可因是，以仰窺萬一也。學者於是乎章句以綱之，註解以紀之，諷詠以挹其膏馥，涵濡以探其閫奧，而必以稷・契許其身，而以『一飯不忘君』爲其心，則子美庶幾可學，而辭語之妙，聲律之工，特其緒餘爾。將見賡載之歌，大雅之作，黼黻王道，賁飾太平，而大鳴國家之盛者，于于焉輩出矣，何其盛也。若夫馳騖於風雲月露之狀，而求工於片言隻字之間而已，則其學子美，亦淺矣。豈聖上所以開示學者之意耶。

㈢**須溪先生批點杜工部七言律詩**一卷

比起前面兩種刻本，這個本子在分量上就顯得輕多了。對於中國古典詩歌，韓國人似乎特別鍾情於律詩，所以韓國人編纂了不少杜律的本子。這是其中的一種。這個本子，是根據劉辰翁評點，彭鏡溪集註的須溪評點選註杜工部詩二十二卷，從中抽取出七律部分而編成。現在只剩下殘卷，無法確知那一年刊行的。

㈣**杜律分韻**五卷

這是摛文院考文館，奉正祖之命，將杜甫的律詩，依韻分類校訂而成的。書前有正祖親製的序文。全書五卷，分乾、坤二冊。五言律詩計六二六首，分置一、二、三、四卷；七言一五一首，爲第五卷。合計七七七首。分韻情形列表如下：

韻	五言	七言	計
東	32	6	38
冬	5	2	7
江	1	1	2
支	47	9	56
微	29	9	38
魚	17	2	19
虞	14	2	16
齊	16	3	19
灰	31	14	45
眞	39	16	55
文	23	1	24
元	25	4	29
寒	17	9	26
刪	21	5	26
先	46	10	56
蕭	13	6	19
肴	1	1	2
豪	10	2	12
歌	25	3	28
麻	22	4	26
陽	40	9	49
庚	48	8	56
青	16	3	19
蒸	3	2	5
尤	48	14	62
侵	29	6	35
覃	3	-	3
鹽	5	-	5
28韻	626	151	777

(五)**杜陸分韻**八卷

此書於正祖二十二年（一七九八）以丁酉銅鑄字刊行。韓人以杜詩過於深奧難求，所以提倡「由陸入杜」，因此，將杜甫和陸游的律詩合併刊出，以期實踐由陸入杜的理論，該書跋文云：

……詩教弛而求三百篇遺意於後世能言之士，惟杜甫、陸游近之。律尤其聖也。今所以表彰二子，蓋欲砭俗矯時，反之詩樂之正也。命詞臣集于摛文院考文館，分掌讎校，以韻類編，杜凡七百七十七首，陸凡四千八百七十五首。內閣所藏活字，皆本於世宗甲寅字，上之申寅，重印三經，四書大全。乙卯又範銅三十萬字，名曰生生字，用是字，印是編。

此書之體例，內容，及其編印之旨意，都可從這段跋文中看出。

㈥**杜陸千選**八卷

由杜陸分韻和杜陸千選這兩部書的刊行，可以充分看出韓人「由陸人杜」的主張。杜陸千選的編纂工作，係由正祖親自主持的，杜、陸各選律詩五百首，杜選五律三八〇首，七律一二〇首；陸選五律一四〇首，七律三六〇首。正祖於序中云：

唐之杜律，宋之陸律，即律家之大匠，況少陵稷契之志，放翁春秋之筆，千載以下，使人激昂，不可但以詩道言之也。

所謂「稷契之志」、「春秋之筆」，和前面杜陸分韻序中所說的「欲砭俗矯時，反之詩樂之正」，正出於同一用心。

㈦**三大家詩集**二十二卷

所謂三大家，係指李白、杜甫和韓愈。於杜甫部分，附有唐書杜工部本傳及杜詩總評。前有金序文。

二　私家編註本

㈠**纂註杜詩澤風堂批解**二十六卷

此爲韓國私人批解、註釋杜詩的第一本專著。編註者係有「東方杜少陵」之稱的李植（一五八四—一六四七)。申緯對李植此書，可謂推崇備至，有詩云:「天下幾人學杜甫，家家尸視最東方，時從批解窺斑得，先數功臣李堂澤。」全書二十六卷，本書亦簡稱杜詩批解，書前有李植及其曾孫李箕鎭之序跋，次爲全書目錄、新唐書杜甫傳及王琪、王介甫、黃山谷、蔡夢弼、嚴滄浪、劉須溪、及虞伯生等人對杜詩之評論。正文先抄錄杜詩，然後於每句下以小字抄引王洙、蔡夢弼、劉辰翁等諸家註文，有時亦加入自己意見，尤其對劉辰翁的批解，採錄最多。那時候，錢謙益的杜詩錢註，朱鶴齡的朱註及仇兆鰲的評註都還沒有出版(錢小李二歲，朱、仇則更晚)，所以未加引用。各句於註文後，加上自己的批解。詩歌的編次，大抵本於蔡夢弼的杜工部草堂詩箋。稿成於仁祖十八年，但只作家傳，一直沒有付梓。過了近百年，直到英祖十五年(一七三九)，才由他的曾孫，時任慶尚道觀察使的李箕鎭刻版傳世。但李箕鎭付梓前，對澤堂(李植字)原稿作過增刪整理。李箕鎭在杜詩批解的跋文中說:

惟我曾王考澤堂先生，批解杜詩顚末，卷尾跋語可考也。然於古詩排律，詳釋實無遺焉。蓋後來所增補，多於庚辰以前矣。初，先生既失唐本，晚更就鄉本用力，而不獨於疏家諸說，厭其謬繞，亦以分類所編次序顚倒病之。後余少子，幸而得舊失唐本於一士友家而讀之，點註手蹟宛然，旨意往往如合符契。其編符又一循年次，無顚倒之失。益恨其不早出於鄉本之前，得先生卒業，以完成書也。顧批解藏在巾衍久矣，從祖畏齋公嘗欲鋟梓，以廣其傳而不果焉。今小子忝按嶺臬，始營斯役，遂取兩本而合之，編次則依唐本，箋註則主鄉本。而其箋註取合，一從先生點抹；或引喻煩複，無關於考據者，益加刪節；若先生前註中，有可以補後註之闕略者，輒敢收入；一事兩解，可相發明者，亦並存，以圈而別之云爾……。

這篇跋文，不僅說明了杜詩批解由成書以至付梓的整個過程，同時也明白指出李箕鎭增刪此書之事實。

㈡**杜詩諺解批註**一冊

作者李兩疇教授，爲現代韓國漢學家中，研究杜甫最具權威之學者，所著有關杜詩之專書及論文不下數十種之多。

此書爲一九五八年由漢城市通文館出版之鉛印本。首有唐詩概說，次爲少陵管窺及杜詩諺解解題，次爲批解，選詩七十首，各體均有。先錄原詩，旁附韓文譯文，次爲解題、再次爲原註，再次爲諺解注、再次爲通釋，最後爲李氏批解。批解後附元稹、劉昫、宋祁、樊晃、王洙、左峴、王安石、趙汸及李植等人有關杜甫之銘、傳、序、跋。再後附作品年譜及杜詩拾遺。最後還有附錄。附杜詩地圖及索引等。

㈢**杜詩諺解抄**一冊

作者亦爲李丙疇教授。此書於杜詩諺解批註後一年（一九五九），由漢城市通文館出版。一九六二年有探求堂再版本，爾後又經多次再版，可見此書在韓國極受歡迎，讀者甚多。

【附　註】

① 李丙疇先生杜詩的比較文學的研究頁二十九，漢城市亞細亞文化社出版。

② 世宗實錄卷一百，二十五年四月條。

③ 同註②。

④ 成俔慵齋叢話卷七。

⑤ 成宗於一四六九到一四九四，在位二十五年。所刊印的各種書籍不下十餘種。光是杜詩就刊行過杜詩諺解、須溪先生批點杜工部七言律詩、虞註杜律、趙註杜律、纂註分類杜詩等。

⑥ 成宗實錄卷一百四十三，十三年七月條。

⑦ 「成化辛丑秋，上命弘文館典翰臣柳允謙等，若曰：『杜詩諸家之註詳庚……。』」——杜詩諺解曹偉序。

「成化年間，成廟命玉堂詞臣參訂諸註，以諺其義，凡舊之所說未達，一覽瞭然，梅溪曹學士偉，奉教序之。」——杜諺重刊本張維序。

「僧義砧號月窗，柳泰齋方善所從學杜詩者也……泰齋世稱能通杜詩，成廟嘗命以諺文註解杜詩……。」——曹偉謏聞瑣錄。

以上各節，都足以證明，當時這些一流學者，都曾應徵召前往註釋杜詩。

第二節　韓國歷代刊刻景印之杜工部詩文集

韓國刊刻的工部詩集，數量極爲可觀，性質也不盡相同，有據中國本覆刻者，也有據韓人編纂註譯本而刊刻景印者。

一　據中國本覆刻者

(一)杜工部草堂詩箋四十卷木板本

此原爲宋嘉泰四年（一二〇四）蔡夢弼會箋，魯　編次的中國刻本。此版傳至韓國後，韓人即據以覆刻。時間是在高麗中葉。這在中、韓兩國的文獻裡頭，都有蛛絲馬跡可尋。在黎庶昌編輯的古逸叢書裡面，有這麼一段記載：

> 予所收「草堂詩箋」，有南宋、高麗兩本。宋本闕補遺外集十一卷。今據以覆本者，前四十卷，南宋本，後十一卷，高麗本。兩本俱多模糊，而高麗本刻尤粗率，然頗有校正宋本處。即如陳景雲所指，「何假將軍佩」，佩本元作蓋，是其一也。今從高麗本正之……。①

這段文字，原本是附在「集千家註杜工部詩史補遺」後，黎庶昌所加的識跋。上面明確的提到，有高麗本的草堂詩箋。而且，錢謙益的絳雲樓叢書目錄，在宋版書箋註中，也有「草堂詩，有高麗刻版」之記載②。不過，黎氏與錢氏所稱之「高麗本」，是否就絕對指高麗朝的刻本，不無疑問。因爲我們常用「高麗」一詞泛指韓國，至今，我們仍戲稱韓國人爲「高麗棒子」。所以所謂「高麗本」，可以指高麗朝刻本，也可以指朝鮮朝的刻本。不過，只要對韓國古籍刻印情形稍有了解的人都知道，大概凡是中國古代典籍在韓國覆刻刊行，幾乎都是由韓國政府出面的。這就是說，這一類的書籍，幾乎都是「官修本」。尤其是自李朝世宗大王，基於政治因素，大力提倡杜詩③之後，幾乎整個李朝五百年來所刊行的杜詩集，全是「官修本」。即使是唯一私人編纂的「纂註杜詩澤風堂批解」，後來也是由政府來刊行。既是官修本，就有案可查。所以李朝時期所刊行的杜詩集，絕大部分可以查出刊行的年代。但是，就目前所能見到的資料，終李朝五百年間，並沒有刊行杜工部草堂詩箋的記錄。顯然它不太可能是李朝時代刊行的。現今韓國漢城大學圖書館之一簑文庫，延世大學圖書館，私人收藏家李丙疇教授，及李謙儒先生等，都收有此書之殘卷。在這些殘卷當中，尤其以延世大學圖書館所藏的四冊最值得注意，因爲其中一冊附有俞成元開禧紀元八年（一二一二）的跋文。高麗於宋太祖期間即已奉宋正朔④，所以用宋寧宗的年號來紀元。但宋寧宗開禧只有三年，開禧四年起改元嘉定。所以假如這是中國刊印的版本，絕不會寫出「開禧紀元八年」這麼荒唐的紀元。可知這個本子，必是在韓國覆刻的。開禧「八年」相當於高麗康宗元年。杜工部草堂詩箋在我國刊行於南宋寧宗嘉泰四年（一二〇四）。在我國刊行八年後，韓國於高麗康宗元年（一二一二）據我國本加以覆刻，在時間上來講，也極合情理。但黎庶昌所見者，並非此一刻本⑤。

由中、韓雙方面的文獻，可充分證明高麗康宗元年（一二一二），韓國確曾據中國本之「杜工部草堂詩箋」加以覆刻。所以，高麗朝曾刊刻「杜工部草堂詩箋」，這件事是可以完全確認的。

㈡集千家註杜工部詩史補遺十一卷木刻本

此本原爲宋嘉泰九年（一二一六），臨川人黃鶴集前人之註而成，且經由蔡夢弼校正。高麗朝即據此本覆刻，但時間必定在一二一六年之後。前面提到高麗所刊行之杜工部草堂詩箋，是於一二一二年付梓，此時集千家註杜工部詩史補遺還沒有問世。所以高麗於一二一二年所刊行之杜工部詩史補遺後，不可能附上集千家註杜工部詩史補遺。但是黎庶昌所見之草堂詩箋，是附有集千家註杜工部詩史補遺的。可見黎氏所見之草堂詩箋及補遺，必定是西元一二一六年之後，高麗末或朝鮮初所刊刻的本子。可惜這個本子現在只傳殘卷。而且極有可能是高麗朝刊刻的，因爲在朝鮮朝並無刊刻集千家註杜工部詩史補遺之紀錄。

㈢讀杜詩愚得十八卷銅木活字混合本

此本原爲明洪武十五年（一三八二），會稽人單復所撰。當時在我國頗爲流行。至明天順二年（一四五八）有朱熊重刻本，前有陽士奇序。單復並重訂「杜甫年譜」，將杜詩繫於各年之後。韓人據單復初刊本，於燕山君七年（一五〇一），以甲寅銅鑄字、乙亥銅鑄字，及當時之木活字，混合刊印。另有重刊本，唯刊年不詳。至少有二種刊本。據曹炯鎭中韓兩國古活字印刷技術之比較研究一書之附錄二韓國古活字印本書目頁二五三記載讀杜詩愚得有西元一五四九年刊本。今韓國私人收藏李謙魯收有殘本。

㈣**虞註杜律（七言）**二卷

此書原爲元人虞伯生（一二七二—一三四八）所註之七言律詩。虞氏於序言曰：「每篇中有句法、章法、截乎不可……分章析理，發其奧典」。是知此書主要在分析杜甫七律之章句。韓國最早刊行此書是於李朝成宗二年（一四七一）。並附金紐跋文。韓人對律詩似特別偏愛。對杜甫的律詩更是如此。虞註杜律在李朝先後刊印了八次以上，且曾刊行袖珍本，可見杜律在韓國流行之普遍。書分二卷，上卷分十二類，收詩六十九首，下卷分十九類，收詩八十二首，共一五一首。

㈤**趙註杜律（五言）**二卷

此本係據明正德年間，趙汸所註之杜詩五律加以覆刻。杜詩五律凡六二八首，但趙汸註本只選了二百六十一首。按類編排，分爲朝省，宴遊等共十六類。此書在韓曾數度刊行。

㈥**杜工部詩范德機批選**六卷

范德機（一二七二—一三三〇）批選杜詩共六卷，選詩三百十一首，先分體再編年。首列虞集序，次爲目錄。韓人即據此一選本覆刻。今韓國延世大學圖書館藏有兩種韓人刊刻之范德機批選本，一爲全本，一爲殘本。唯李丙疇教授「杜詩的比較文學的研究」一書中，三七到三九頁及八九到九十頁，兩度列出韓人刊刻之工部詩集表，但都沒有提到范德機批選本。兩本應皆爲韓國刻本。其中一本六卷一冊且附有鄭鼒、安彭壽及蔡世英跋文。而蔡世英跋文前有嘉靖戊子字樣，嘉靖戊子爲明世宗嘉靖七年，相當李朝中宗二十三年（一五二八），應即爲此時之刊本。另一爲五卷一册，無序跋，刊刻之年不詳，當係殘本。

(七)須溪先生批點杜工部七言律詩一卷

此本原爲明蘇域、杜啟集註，有明正德壬寅（一五一八）蘇域、杜啟序，韓人即據此本覆刻，有木刻本，亦有乙亥銅鑄字本，計收詩一二五篇，一五〇首，詩依年編次，首題「張氏隱居」，終「人日」。以乙亥銅鑄字推之，或當係成宗時付梓。

(八)杜工部詩集（一六五〇左右）

此本見曹炯鎭著中韓兩國活字版刷之比較研究附錄二頁二六六。

二 韓人自行編纂譯註之刻本

(一)纂註分類杜詩二十六卷

此書爲一般韓國研讀杜詩者之必備版本，甚至部分韓人誤以爲即杜詩原本，可見此書在韓國流通之廣，影響之大。此書在韓國曾數度刊行。可考者有以下數種：

1. 世宗二十年（一四三八）有甲寅銅鑄字本刊行。並有金濱跋文。
2. 成宗十六年（一四八五）有甲辰銅鑄字本之刊行。並有金宗直「新鑄字跋」。
3. 中宗十年（一五一六）有丙子銅鑄字本之刊行。有二種刊本。

4.光海君七年（一六一五）有木活字本（或稱訓練都監字本）之刊行。後附李爾瞻之跋文。另附杜工部文集二卷，共二十八卷。

5.孝宗朝（約一六五九）有木刻本刊行。亦二十八卷。

6.今韓國延世大學圖書館藏有己卯字本，疑爲明宗朝之刊本。存殘本五冊。

7.據曹烱鎭中韓兩國古活字印刷技術之比較研究一書之附錄二韓國古活字印本書目頁二四，及頁二五六，分別載有：

(1)世宗二十六年（一四四四）刊本

(2)中宗十八年（一五二三）刊本

㈡**分類杜工部詩**（杜詩諺解）二十五卷

此爲韓文譯註杜詩本，爲現今韓人閱讀杜詩之必備參考書。杜詩諺解可考者有兩種版本：

1.成宗十二年（一四八一）有乙亥銅鑄字本。有曹偉序及金訢翻譯杜詩序。稱杜詩諺解初刊本。今僅存殘本。漢城市通文館於一九五七年，曾影印殘本發行，唯影印本只得原書十卷⑥至可惜也。

2.仁祖十年（一六三二）有木刻本。有曹偉原序及張維重刊序。稱杜詩諺解重刊本。二十五卷二十冊。今韓國延世大學圖書館存有全本。

㈢**須溪先生批點杜工部七言律詩**一卷

此書係韓人就原二十二卷本中，抽出七律部分單獨刊行。今傳有乙亥銅鑄本及木板本兩種。現傳本雖無序、跋，無由考知何年刊行，但由乙亥銅鑄字來推斷，應爲端宗至孝宗間之刻本。至於另一木板本，則難以考定。唯兩本皆依詩作先後，編年排列。

㈣**杜律分韻**五卷

此書在韓國亦極爲流通。自正祖二十二年（一七九八）以整理銅活字刊行後，先後覆刻八次之多，可見韓人對此本須求之殷切。據曹烱鎭中韓兩國古活字印刷技術之比較研究一書附錄二韓國古活字印本書目頁二九一載有純祖五年（一八〇五）及憲宗元年（一八三五）兩種刊本。唯純祖五年所刊行者爲袖珍本。或有四卷本。黄永武先生主編之「杜詩叢刊」亦收錄此書⑦。

㈤**杜陸分韻**八卷

正祖二十二年，以乙卯生生字刊行。

㈥**杜陸千選**八卷

正祖二十三年（一七九九），以丁酉銅活字刊行。至少有二種刊本。

㈦**三大家詩集**二十二卷

正祖六年（一七八二），以韓構銅活字刊行。所謂三大家指李白、杜甫、韓愈。

㈧**纂註杜詩澤風堂批解**二十六卷

此書寫成於仁祖十八年（一六四〇），但直到英祖十五年（一七三九），才由作者李植之曾孫李箕鎭付梓刊行，爾後又有重刊本。韓人編纂註釋之杜集，前後計有八種，唯獨澤風堂批解本流傳於我國。由黃永武先生主編，大通書局出版之杜詩叢刊中，亦收錄纂註杜詩澤風堂批解⑧。此書頗受中國學者之重視。

以上據中國本覆刻及韓人自行編纂註釋兩類合計，總共爲十五種，其中據中國版本者七種，韓人自編纂者八種。另由韓國延世大學圖書館藏書目錄，第三九二頁中國文學別集部中，見有「范太史精選杜詩」零本一冊（卷一、二），題爲鄭𤨏編，蔡夢弼箋。遍查中、韓有關杜詩版本，均未見此本。據其所用乙亥銅鑄字推知，或係成宗朝所刊。又另有將趙註杜律及虞註杜律合併刊行者，唯刊行年月不可確知。除了杜甫之外，大概再也没有第二個中國詩人，能在國外闖出這樣的局面了。

【附　註】

① 黎庶昌古逸叢書卷四十五。韓人李丙疇教授所著杜詩的比較文學的研究頁二十五，及全蘭英小姐所著韓國詩話中有關杜甫及其作品之研究頁四，都曾引用了這段話，可見這段文字極受研究韓國杜詩刊本學者之重視，因而而引發了筆著對黎氏所稱「高麗本」之考訂。請參閱本文八十一到八十五頁。

② 同註①。

③ 見本論文第二章第二節。

④ 高麗史光宗十四年（九六三）條云：「行宋年號」。

⑤ 詳見本節㈡集千家註杜工部詩史補遺十一卷之說明。

⑥ 當時（一九五七），通文館僅就所蒐得之卷七、八、十五、十六、廿、廿一、廿二、廿四、廿五等十卷加以影印。近年又再蒐得一、二、三、四、五、六、九、十、十一、十三、十四、十七、十八、十九等卷，目前僅缺十二卷。

⑦ 見大通書局杜詩叢刊第三十三種。

⑧ 見大通書局杜詩叢刊第二十四種。

第三節　歷代零星之註釋

除了官修的「杜詩諺解」、李植註釋之「纂註杜詩澤風堂批解」爲系統而完整的註釋杜詩之專著外，在韓人的詩話及詩文集中，仍可發現部分詩人對杜詩所作的零星的註釋。其中又以李退溪、李晬光、李瀷及南羲采等人，所註釋者爲多，而李瀷及李退溪所註所釋，尤多過人之處。

一

先談李瀷。他對杜詩，乃至對杜詩之歷代註本所提出的評論，均極有見地，甚至糾正了部分杜註的謬誤，令人激賞。如少陵杜鵑行有句云：「業工竄伏深樹裡，四月五月偏號呼。」其中「業工」一詞，殊爲費解，但歷來註本皆不註。韓人車天輅提出了這樣的解釋①：

老杜杜鵑行「業工竄伏深樹裡，四月五月偏號呼」，註不釋。余昔少時，曾見一書，杜鵑雛曰「業工」。余不記出自何書也。

遍查歷代註本，乃至字書，未見有「業工」一詞，更沒有「業工」就是「杜鵑雛」的講法。而李瀷在星湖僿說裡，對「業工」的解釋，就令人十分激賞②：

杜詩杜鵑行：「業工竄伏深樹裡」，「業工」蓋一字疊書，只加兩點「、、」，如「工」字樣，「業業」即恐懼之義也。車天輅五山說林謂業工杜鵑雛也，少時曾見一書，今不記。可笑。今事文類聚作「業業」。

星湖云云，發前人所未發。案，事文類聚後集卷四十四，羽蟲部第八，正係作「業業竄伏深樹裡」。又其論洗兵馬云③：

杜少陵洗兵馬，即頌功之作也。六韻必遞，主四遞而篇成。其體祖於李斯。按始皇本紀，其頌功之銘凡六。或兩句爲聯，或三句爲聯，莫不以六韻爲式。意者，頌者必將按之管絃爲聲樂，則其節拍之宜，必有如是而後可者耳……少陵此篇，以詩例言之，凡四章，章十二句，斯足爲一代之雅樂。詩歌之準，顧無人看到此耳。

按，此說與王嗣奭之杜臆不謀爲合，但較王氏所見，更高更廣。王嗣奭（一五六六—一六四八）比李瀷（一六八二—一七六四）稍早。杜臆成書於順治二年（一六四五），書成後並未立即付梓。但仇兆鰲編杜詩詳註時（書成於一六九三，但至一七〇三始付梓）曾引用王嗣奭的意見④：

王嗣奭曰：此詩（洗兵馬）四轉韻，一韻十二句，句兼排律，自成一體。而筆力矯健，詞氣老蒼，喜躍之意，浮動筆墨間。

李瀷評此詩時，有無看到杜臆或杜詩詳註，不得而知。即使見到了、王氏也只提到「四轉韻，每韻十二句」而已，至於與始皇本紀合觀等語，全是李瀷的高見。此一說法極有可取，非見高識廣不能道出。足見李瀷對杜詩不僅甚爲精熟，而且所發之議論，也極有深度。

此外，在星湖僿說中，尚有釋註自京赴奉先縣詠懷五百字、負薪行、奉和賈至舍人早朝大明宮、愁、八哀詩、及秋興八首、北征等篇，均頗有見地。

二

退溪李滉，有東方朱熹之稱，不僅精通理學，論詩亦頗有見地。如：

杜「偪側行」，「偪側」如艱窘崎嶇之義，詩中所說「無馬而難行，借驢而泥滑」思，思友欲徒步則官長怒，買酒欲消愁則苦無錢，皆偪側之事。「自從官馬送還官」，子美嘗爲拾遺，想騎官馬。律詩所謂「奉引濫騎沙苑馬」是也。及罷拾遺，則不復騎此馬，故云「官馬送還官，請急會通籍」。古之仕者，皆置籍於闕門，以考其出入，謂之會通籍。請急，言以有急事，請於通籍之所，而免朝也。如今朝官有故，不入朝，則呈病狀以免朝也。「焉能終日心拳拳」，言何能如此，終日而眷眷乎。謂不耐終日，長如此愁苦也。⑤

所釋各句，均甚平實「請急會通籍」句⑥，註本皆不註，退溪註之甚詳，亦頗可補前人註本之不足。

又

杜「佳人」詩，上云「夫壻輕薄兒，新人美如玉，又云「但見新人笑，那聞舊人哭」，而係之以「泉清」、「泉濁」之句，可知是夫壻之情，因所遇而變化無常。當舊人之時，其德良善，及新人之時，其心淫僻，此佳人之所以傷歎也。中間「合昏」、「鴛鴦」云云，乃泛言物亦如彼，人於夫婦，其可輕乎之意耳。⑦

言簡意賅，寥寥數語，頗能道盡一篇精要。

此外，對夢李白、戲題王宰畫山水圖歌、夏日李公見訪、醉時歌、哀江頭、洗兵馬等篇、也都曾作註釋。

三

李晬光在芝峰類說中，也有多處論及杜詩。尤其對杜甫詩中的某些詞彙，解說得頗爲詳盡，然亦頗有待商榷者⑧如：

杜詩罘罳朝共落，蓋指殿角網而言。段成式云：人多呼護雀網爲罘罳，誤矣。漢文紀：未央東闕罘罳災，簷角網不應獨災，而不及殿宇。古今註：罘罳，屏也。合板爲之，亦築土爲之，每門闕殿舍皆有之，今之照墻也。⑨

按「罘罳朝共落」，見奉送郭中丞兼太僕卿充隴右節度使三十韻。罘罳，或訓爲網，或訓爲屏。

仇兆鰲、浦起龍、楊倫、錢謙益等俱訓爲網。芝峰亦從仇、浦等說。然細味杜甫詩意，訓網，訓屏，兩說似皆可通。又：

杜詩「江湖多白鳥，天地有蒼蠅」。以上句冥冥欲避矰觀之，白鳥乃指　鷺而言。註者以白鳥爲蚊蚋，恐不是。⑩

按，「江湖多白鳥，天地有青蠅」，出自寄劉峽州伯華使君四十韻。仇註引杜修可說⑪云：「白鳥有二說：一謂鷗鷺之類，如詩曰『白鳥鶴鶴』。此喻賢者之潔白也；一謂白鳥乃蚊蚋，以譬小人之侵侮也。言賢者居亂世，欲隱則爲蚊蚋所嚕，欲出則爲青蠅所污，是無逃於天地間矣。」少陵此詩所謂白鳥，自係指蚊蚋而言，芝峰以爲指　鶴，恐不甚可信。此與前例不同，前例兩說皆可，不必咬定一說。此處則只可作蚊蚋解，苟作他意，則失之毫釐，謬以千里。

芝峰類說所釋杜詩，除前舉之二首外，尚有戲爲雙松圖歌、虢國夫人、寓居同谷縣作歌七首、戲作俳體遣悶二首、諸將五首、入秦行、杜鵑行、麗人行、少年行二首、千秋節有感二首，初月、悠悠、邊月破等。

四

南義采之龜　詩話⑫爲韓國歷代詩話中，最喜歡談論杜甫的詩話，書中論及杜甫的資料有三、四百則之多。茲將有關其釋註杜詩之資科，列舉數則如后：

> 司馬温公撰資治通鑑，以正統與魏以接乎。司馬氏蓋因襲陳壽之誤也。朱子於綱目，特以正統與蜀魏，以正其失，老杜懷古一篇，可以見尊昭烈之義。其詩「蜀主窺吴幸三峽，崩年亦在永安宮，翠華想像空山裡、玉殿虛無野寺中云云。春秋法例，天子所寓曰幸，天子之殂曰崩，天子乘輿之蓋曰翠華，其尊昭烈爲正統，若春秋之法，而首稱蜀主，特因舊號耳。下篇又曰：「運移漢祚終難復」。則子美之帝蜀亦可見矣。世謂老杜詩以爲詩史者，良以是也。⑬

陳壽三國志、司馬光資治通鑑，俱以魏爲正統；朱子綱目，則帝蜀而寇魏。羲采以爲少陵此詩，曰「幸」、曰「崩」、曰「翠華」、曰「漢祚」，只見其帝蜀之意。但魏和蜀究竟孰正孰僞，實難論斷。不過少陵此詩，確有帝蜀之意。南氏云云，於少陵微意，頗能發明。又同書卷八云：

> 杜詩朱鳳行曰：君不見，瀟湘之上衡山高，山巔朱鳳聲嗷嗷。側身長顧求其曹，垂重口噤心勞勞。下憫百鳥在網羅，黃雀最小猶難逃。願分竹實及螻蟻，盡使鴟梟相怒號。老杜此詩，諷寓者深功矣。按說文：五方神鳥，東曰發明，南曰焦明，西曰　　，北曰幽昌，中央曰鳳皇。禽經曰：東發明，全身青；南焦明，全身赤；西　　，全身白；北幽昌，亦曰退居，全身黑；中央鳳皇，亦名玉雀，全身黃。老杜所謂朱鳳，即焦明也。

引經據典，意在說明朱鳳之爲神鳥也。唯於詩意似無甚發明。他如寄嚴鄭公詩、劍門、坐深鄉黨敬等詩，或註或釋，不一而足。

五

以上諸人，於杜詩頗喜註釋。而金萬重、車天輅、魚權叔等人，亦偶有註。如車天輅五山說林草稿⑭：

杜詩「枇杷樹樹香」，說者以爲枇杷無香，誤也。余往日本也，於一古寺，見一樹甚茂鬱，數丈以下，葉大而圓，其上葉脩而稍小，狀如櫰葉，十月花盛開，狀如梨花，香氣酷烈，不風而聞數畝，老僧謂之盧橘，冬實至五月而熟。唐詩「盧橘花開楓葉衰」。相如上林賦：盧橘夏熟」。信然。

五山以個人實際之經驗爲杜詩作註，誠然可喜。按「枇杷樹樹香」，出於杜詩田舍。又魯叔權稗官雜記⑮云：

「不分」二字，中國方言也。「分」與「噴」同，「不分」即「怒」也。猶言未噴其怒而含蓄其怒也。老杜詩：「不分桃花紅勝錦，生憎柳絮白於綿」。生憎即也，亦方言也。「不分」即方言，故以「生憎」對之。東坡詩「不分東君專節物」，亦此意也。成廟朝「杜詩諺解」者，誤以「不分」之「分」爲「分內」之「分」，遂使東人承誤，竟不知不分之義。

按「不分桃花紅勝錦，生憎柳絮白於綿」，爲杜甫送路六侍御入朝詩。魯叔權頗諳中國方言，其稗官雜記卷一即全記中國方言。所謂「不分」，「生憎」云云，解說甚爲正確。且每多指出諺解之誤，頗有助於後學。又金萬重西浦漫筆釋寄韓諫議詩⑯云：

杜子美寄韓諫議詩，舊註謂韓好神仙，此特以本詩語意附會，非有所據也。錢牧齋以爲一篇皆爲李鄴侯作，獨末句屬意於韓。以韓爲言官，欲其言之於天子也。其言明白痛快，真得古人之心於千載之下，足稱後世子雲也。朱子論詩小序曰：如拾得無題目詩，説此花既白，又香盛，冬開花，必是梅花詩，當肅代時，帷幄之臣，有定長安之功，而不預國家成敗。處於洞庭 湘之間，餐楓香，學神仙，如張良之從赤松子者，非鄴侯而更有何人乎？每誦美人娟娟隔秋水，濯足洞庭望八荒之句，鄴侯之高風爽□怳如接眼，彼韓諫議者，何足以當之？

這一說法，並不始於金萬重。錢謙益即倡此說⑰，但無論是金說或錢說，都是推測之詞，黃生已辯之詳矣⑱。金氏云云，想係受錢謙益之影響。

以上所提到，各家對杜詩所作之零星註釋，雖然不見得都出群拔類，但其中確實有幾則註釋得十分引人注目，對我們了解杜詩，極有幫助。

【附　註】

① 見五山說林草稿。

② 星湖僿說卷十。

③ 星湖僿說卷十。

④見漢京本杜詩詳註頁五二〇。

⑤退溪先生言行錄卷五。

⑥仇兆鰲杜詩詳註、錢謙益杜詩錢註、浦起龍讀杜心解均作「已令把牒還請假」，僅於句下註明「一云已令請急會通籍」。

⑦同註⑤。

⑧接李晬光芝峰類說中，所註釋之杜詩到有十餘篇，唯時出臆測，如釋杜鵑行之「葉工」爲「能工」，釋麗人行之「楊花雪落覆白蘋」等句爲「但即景耳，別無他意」，均不甚了了。

⑨芝峰類說卷下。

⑩同註⑨

⑪同漢京本杜詩詳註頁一七二四。

⑫此書未曾付梓，僅韓國漢城市成均館大學圖書館藏有古鈔本。筆者輾轉借得部分影本，殊不易得也。

⑬卷十五。

⑭車方輅五山說林草稿卷二。

⑮見該書卷一「中國方言」。

⑯卷二。

⑰說見錢謙益杜詩錢註卷五。錢註云：「程嘉燧曰，此詩蓋爲李泌而作，予考之是也……。」金萬重云云大抵皆以

錢說爲意。

⑱ 說見黃生杜工部詩說卷十一。黃生曰：「錢箋竟以李泌當之，謂勉諫議責李於玉堂，則更近鑿……度作者之意，不如是也……。」

第四節 歷代論及杜詩之詩話

韓國詩話之作，大抵始於高麗朝李仁老之破閒集。李仁老約相當於我國南宋初年高宗至寧宗時人。生於一一五二，卒於一二二〇，而破閒集則刊行於李仁老去世後四十年（一二六〇）。自此以後，頗有續作。但是韓人所謂之詩話，內容包羅萬象，似非專爲評論詩而作。假如從各種詩話當中，抽除評論詩歌以外的資料，所剩大概就很有限了。有些詩話可能只剩下三、五則而已①。至於像東人詩話、小華詩評一類，專爲評詩論詩而作，在韓人詩話中實不多見。

就所見到的韓國詩話，約可分爲兩類，一類是被洪萬宗收入歷代詩話叢林的詩話，另一類是沒有被收人歷代詩話叢林的詩話。前者大抵內容較博雜，除了論詩之外，兼及一般人事、趣談、風俗、逸事等，洪萬宗於是從這一類的詩話中，摘出論詩的部分，依時代先後排列，分爲春、夏、秋、冬四卷，組合成歷代詩話叢林，後者則評詩論詩的部分較多，即使只摘錄論詩部分，仍可單獨成冊。

頭一類的詩話（即收人歷代詩話叢林者），包括白雲小說、櫟翁稗說、慵齋叢話、秋江冷話、思齋摭言、謏聞瑣錄、龍泉談實記、遣閒雜錄、松溪謾錄、稗官雜記、清江詩話、晴窗軟談、芝峰類說、於于野談、惺叟詩話、霽湖詩話、谿谷謾筆、終南叢志、水村謾錄、玄湖瑣談、山中獨言等；第二類的詩話包括破閒集、補閒集、東人詩話、五山說林、壺谷詩話、西浦謾筆、鶴山樵　談、學詩準的、東關詩話、彙成、星湖僿說、恕菴詩話、小華詩評、龜磵詩話、清脾錄、詩家點燈、海東詩話、東詩話、東詩叢話、農岩雜識等。

以上所提到的兩類詩話當中，頭一類有二十一種，第二類約十九種。第二類詩話，只有破閒集和補閒集是高麗朝的作品，其餘自東人詩話到東詩話，全是朝鮮朝的作品，在這一類詩話當中，全部都論及到杜詩，杜詩之廣受詩壇屬目，於此可知。至於第一類，由於部分作品篇幅實在太小②，所以有六種詩話並未評論到杜詩。這六種詩話是：李仁老的白雲小說、金正國的思齋摭言，金安老的龍泉談寂記、李濟臣的清江詩話、任璟的水村謾錄、以及申欽的山中獨言。但是白雲小說原本並不是單獨刊行的詩話，而是由洪萬宗從李奎報的東國李相國集中摘出論詩的部分而成，但洪萬宗摘得並不十分徹底，至今東國李相國集中，仍存有許多論詩的文字，而論杜詩的部分也有好幾則③，但洪萬宗竟未摘出。假如洪萬宗摘錄得仔細點，白雲小說中一定會有論杜詩的文字。所以除了白雲小說不算，只剩五種詩話没有論及杜詩。這五種詩話，篇幅都不長，尤其是山中獨言，評論詩歌的文字只有兩則，大可不必以詩話視之。

合一、二兩類詩話計算，共四十種，扣除其中六種之外，尚有三十四種詩話論及杜詩。除了詩話之外，許多韓國詩人的詩文集中，也時有評論杜詩的文字。如青莊館全書、韶護堂集、弘齋全書等，都有爲數不少的評論杜詩的文字。由此可見杜詩受到韓國詩壇重視的情形。韓人詩話全數合計，約有六十種左右，絕大部分的詩話中，都有論到杜詩的資料。但其中有部分詩話，到目前爲止，只有單一的手抄本，藏於韓國各大學的圖書館，尚未付梓流傳，如恕菴詩評、東國詩話彙成、龜　詩話，東國詩話，東詩叢話等，俱皆僅存抄本，殊爲珍貴。筆者原本計劃將前列四十餘種詩話分別作一詳細介紹，但全英蘭小姐於七十八年六月所撰成之博士論文「韓國詩話中有關杜甫及其作品之研究」一書之附錄一「有關杜甫及其作品之韓國詩話」，所寫內容和筆者原本計劃寫作之內容完全相同，因此，這節乃刻意從簡，以避免和全小姐的大作雷同。

文後的附錄，摘選了部分韓國詩話及韓人詩文集論杜詩的文字，可備參考。

【附　註】

① 如申欽之山中獨言，論詩文字只有兩則；尹根壽的月汀謾錄，也只有八則。

② 同註①。

③ 請參閱附錄。

第四章　杜甫對韓國詩壇之影響

第一節　歷代詩人對杜詩之評價

在韓國漢文學領域當中，最受注目的人，首推杜甫。杜甫的詩，不但在韓國最受歡迎，流傳最廣，而且對韓國歷代詩人的影響也最大。韓國著名漢學家兼詩人許世旭教授所著「韓中詩話淵源考」一書中，就曾明白的說：

次由詩話以觀，此千三百餘年間，唐詩聲勢最盛，幾佔全韓詩苑之半，而宋詩則居其三。計其時代，則唐詩當遠自新羅中葉至高麗中葉，爾後又復盛於朝鮮中末，宋詩則起自高麗末，至朝鮮初也。再以個人論之，其最受崇敬，歷久不渝者，當推杜甫……。①

這段話，已將杜甫在韓國受歡迎的程度，說得很清楚了。杜甫在韓國，不僅受到歷代詩人的崇敬，而且也成了許多學者研究的對象。韓人李丙疇教授在「杜詩的比較文學的研究」一書中說：

漸漸地，杜學的研究風氣盛行起來了，到了麗季時代，更有李齊賢、鄭夢周、李崇仁、李穡等偉大學者，皆受其薰陶。甚至到了朝鮮王朝，情況更積極發展爲「天下幾人學杜甫，家家尸祝最東方」了。②

同書又提到，朝鮮時代的賞杜風氣云：

……這種賞杜的風氣，甚至連巷閭婦孺們，都深受影響。在坐船時，總要背誦幾句「登岳陽樓」詩，到了秋天，大家更是背誦「秋興」來表示對秋天那種悲涼氣氛的感受。因此，雖然杜詩有所謂「元氣渾茫，辭語艱澀」的困難，但在歷代學者不斷的努力之下，終於完成了使我們足以爲傲的杜詩諺解。使杜詩終於與我們的語言、文學，同時深深地種入了我們民族的血液裡。」③

對杜詩的愛好，由原先的學者層面擴展到「巷閭婦孺」層面，正說明了杜詩在韓國普遍流傳的情形。由這兩段話，也使我們深深了解，杜詩對韓人影響之深遠。

茲僅將韓國歷代詩人、學者，對杜詩的推崇與評價，作一歸納分類，可使我們大致了解杜詩在韓國歷代學者心目中的分量與地位。

一、有推爲「獨步」、「爲首」、「爲冠」、「古今未有」者，如：

△李仁老就曾說過：「自雅歇風亡，詩人皆推杜子美爲獨步。」④

李仁老是高麗朝的大學者，他所著的破閒集，是韓國詩話之祖。對杜甫可謂推崇備至。

△徐居正也有類似的言論：「文章所向，隨時不同，古今詩人，推李、杜爲首。」⑤韓國詩話，多半篇幅短小，甚至有些雖名爲詩話，而實際上卻只有三、五則詳待的紀錄。如申欽的山中獨言，只有兩則，張維的谿谷謾筆也只有三則。而徐居正的東人詩話，無論在質和量方面來說，都稱得上是一流的巨著。

△朝鮮正祖李亨運，對杜甫也極爲推崇，弘齋全書云：「近體出而詩道一變，然杜陵之近體，爲古今冠者，以其雄渾處雄渾，澹容處澹容，謹嚴處謹嚴而然也。」⑥

同書又云：

△少陵文章，渾涵汪茫，包括古今，表裡風雅，眞所謂「自詩人以來，未有如子美者」，蓋其風詠皆出於愛君憂世，忠言義氣，足以激勵千載，自作詩中一文，豈但賸馥膏殘月，沾丐後人而已。⑦

韓國歷代帝王，要數朝鮮正祖李亨運最爲心儀杜甫，對杜詩提倡最力。評見二章二節。

以杜詩爲「獨步」，非始於韓人，我國詩人早有此論。如苕溪漁隱叢話前集卷九引郭思瑤溪集云：「老杜於詩學，世以爲前無古人，後無來者。然觀其詩，大率宗法文選，摭其華髓。斯周詩以來，老杜所以爲獨步也。」郭思宋人，生於李仁老之前。雖同以老杜爲「獨步」，然郭思頗能明確指出老杜所以獨步之原因。其後之陳模、劉克莊等人，亦頗能指出少陵詩中鍊句、謀篇之超越前人處，而許爲「獨步」。東坡於王定國詩集敘中云：「……若夫發於情，止於忠孝者，其詩豈可同日而語哉！古今詩人衆矣，而杜子美爲首，豈非以其流落飢寒，終身不用，而一飯未嘗忘君也歟。」東坡推少陵爲古今詩人之首，蓋以其「一飯未嘗忘君」。詩人玉屑卷十一，引劉宰漫塘語錄亦云：「……詩家以杜少陵爲首，正謂具無一篇不寓尊君致上之意，如北征詩云……；洗兵馬云……先後重輕，非苟作也。」劉宰之所以推少陵爲首，蓋亦著眼於其尊君敬上，得詩人之旨。沈德潛唐詩別裁云：「少陵五言長篇，意本連屬，而學問博，力量大，轉接無痕，莫測端倪，轉似不連屬者，千古以來，讓渠獨步。」是知我國詩人之推少陵爲獨步、爲首，必有其所以推許之原因；而韓人之推少陵爲首，不必列舉任何理由，但出於對少陵之崇敬耳。

二、有許爲「大家」、「大匠」者。如：

△西浦漫筆云「竊謂自古文章大家只有四人，司馬遷、韓愈之文，屈平之騷，杜甫之詩，是皆具四時之氣焉，不然不足爲大家。史記之酷吏、平準；昌黎之誌銘；楚辭之九章天問；子美之夔後，皆秋冬之霜雪。」⑧

西浦漫筆作者金萬重，爲李朝顯宗進士，於詩獨好少陵。千古以來，於詩人只稱少陵。同書又云：

「……詩道至少陵而大成，古今推以爲大家，無異論也。」

△朝鮮正祖於弘齋全書中亦謂：「唐之杜律，宋之陸律，即律家之大匠。」⑨

正道於古今律家，只許二人，亦足見其對杜詩推崇之高也。

我國詩評家，對歷代詩人，不輕以「大家」、「大匠」相許。惟於少陵，即以「大家」、「大匠」名之，亦不足以盡其美也。王世懋秇（藝）圃擷餘云：「少陵固多變態，其待有深句、有雄句、有老句、有秀句、有麗句、有險句、有拙句、有累句、後世別爲大家。特高於盛唐者，以其有深句、雄句、老句也；而終不失爲盛唐者，以其有秀句、麗句也。」正係以「大家」名之。而王士禎於少陵七古最爲推許，有云：「七言古詩，杜甫橫絕古今，同時大匠，無敢抗行……。」亦以大匠相稱。唯我國詩人之稱「家」者，未必如金萬重、王世懋等人所謂「大家」之「家」。舒岳祥閬風集卷十王任詩序云：「詩必有家也，家必有世也。不家非詩也，不世非家也。唐詩人惟杜甫家爲最大，要自其祖審言世之也。」則岳祥云云，自係指家傳、家世之謂也。韓人詩話，似未論及此意。

三、有以爲詩歌之極則者。如：

△玄湖瑣談於車天輅詩最爲稱賞，有云：「……栗谷繫節稱賞，全清陰亦稱『五山詩高處，雖老杜無以過之。如『餘寒冰結失江聲』之句，今人何嘗道得。」⑩任璟將車五山最突出之作品，比之杜甫，而又以杜爲詩歌之極則。所謂「雖老杜無以過之」，可見老杜詩在一般人心目中，自係最高之標準。

△又終南叢志引鄭東溟自評之語云：「余嘗問於東溟君平曰：『子之詩，於古可方何人？』君平笑曰：『李杜則不敢當矣，至於高、岑輩，或可比肩。』」⑪

杜詩爲詩壇之最高標準，所以一般人不敢以老杜自比。

△張維在重刊杜詩諺解的序文中說：「詩至杜少陵，古今能事畢矣。疕材也，極其博；用意也，極其深；造語也，極其變。古今謂胸中無國子監，不可看杜詩，詎不信歟？」

所謂「古今能事畢矣」，當然是指古今作詩的能事，作詩能事既畢盡於杜詩，那麼還有誰能超越他呢？

杜甫在詩歌方面的成就，是受到歷來詩人的肯定的。將杜詩許爲詩之極則，更是中外皆然，不獨韓人爲然也。晦齋所書簡齋詩集引云：「詩至老杜、極矣。東坡蘇公、山谷黃公、奮乎數世之下，復出力振之，而詩之正統不墜。」（簡齋詩集卷首）開頭即明確指出「詩至老杜，極矣」。胡銓於僧祖信詩序中，與晦齋之論，如出一轍：「少陵杜甫、耽作詩……凡感於中，一以詩發之……故甫之詩，短章大篇，紆餘姸而卓犖傑，筆端若有鬼神，不可致詰。後之議者謂：書至於顏；書至於吳；詩至於甫，極矣。」（胡澹庵先生文集卷十三）凡此云云，皆足與韓人諸論相互即証，則少陵之雄視中外詩壇，亦可知矣。

四、有譽之爲「詩史」者。如：

△谿谷漫筆云：自書契之作也，著述寖廣，體裁區別，記載世變，昭示得失者謂之史；陶冶性情，被之管弦者謂之詩，此二者不可混，亦不能兼也……歷數終古，究觀藝林，兼斯二美，一舉而兩至者，其唯唐杜甫氏詩史乎！」⑫

韓人稱少陵爲「詩史」，最早見於張維之谿谷漫筆。

△弘齋全書謂：「杜甫詩理致事實，具備一代之史也，烏可以一詩人少之哉！」⑬正祖的這番話，一方面固然是對杜詩的肯定，再方面也未嘗没有其他的用意。本書二章二節已有詳細之討論，不再贅述。

△朝鮮成宗十五年十月，權建所上之啟有云：「昔太宗欲進講杜詩。杜詩詩史，都是忠君愛國之辭，而臣祖權近，猶以爲不可不進講。」⑭杜詩受到韓人之重視，到如此之田地。

△曹偉於杜詩諺解重刊本的序文中說：詩道之關於世教也大矣！上而郊廟之作，歌詠盛德，下而民里之謠，美刺時政者，皆足以感發懲創人之善意，此孔子所以刪定三百篇，有無邪之訓也……子美生於盛唐，能抉剔障塞，振起頹風，沉鬱頓挫，力去淫艷華靡之習，至於亂離奔竄之際，傷時愛君之言，生於至誠，忠憤激烈，足以聳動百世，其所以感發懲創人者，實與三百篇相爲表裡，而指事陳實，號稱『詩史』，則豈後世嘲風詠月，刻削性情之所可擬議耶……。」對曹偉而言，杜詩實已超越了「文學」的藩籬，而進入了經典的領域了。

我國人以杜詩爲詩史，其來有自。最早當推唐人孟棨，其本事詩高逸第三云：「李太白初自蜀至京師……及放還，卒於宣城。杜所贈二十韻，備敘其事。讀其文，盡得其故跡。杜逢祿山之難，流離隴蜀，畢陳於詩，推見至隱，殆無遺事。當時號爲詩史。」此爲最早以詩史稱杜詩者。其後新唐書杜甫傳亦云：「……甫又善陳時事，律切精深，至千言不少衰，世號詩史。」爾後以杜詩爲詩史者，不知凡幾。

然「詩史」一辭，究何所指，歷來論者，殊乏共識。孟棨以少陵逢祿山之難、流離顛沛，推見至隱，畢陳於詩」，是爲詩史；李復以杜詩「斑斑可見當時」、「若史傳」，是爲詩史；蔡居厚則以爲少陵「詩善敘事」，是爲詩史；釋惠洪更以爲，所謂詩史「其大過人在誠實耳」；姚寬則以爲杜詩「有年、月、地理、本末之類」，是爲詩史；陳巖肖則以爲，「多紀當時時事，皆有據依」，是爲詩史；黃徹則以爲，詩中但記年月，即爲詩史……云云種種，不一而足。明、清人對「詩史」之解說，亦人人殊。

本文無意對「詩史」作深入之討論，蓋李道顯、龔鵬程等學者對此一問題都有專文討論，無須贅說。唯自孟棨以來，對「詩史」的不同意見，不僅對我國詩家造成影響，而且也造成韓國歷代詩評家認知上的差距。所以韓人對「詩史」的體認，也頗不一致。前面提到的幾個人，張維、正祖李弘運、權建及曹偉等人，他們對「詩史」的認定，程度上都有差異。

五、有以爲「大成」、「集大成者」。如：

△金訢的翻譯杜詩序云：「……大哉，詩之教也。三百以降，惟唐最盛。而以子美之作爲首。上薄風雅，下該沈、宋，集諸家之長而大成焉。詩至於子美，可謂至矣……。」

這段文字大抵襲自元稹之杜工部墓係銘，但對杜詩的稱譽，似較元稹更有過之。

△東文選謂：「子美之所以集大成也，積深而妙麗，豪縱而不羈。」⑮

△西浦漫筆評李、杜云：「李、杜齊名，而唐以來文人之左右袒者，杜居七八……而觀其旨意，率皆偏向少陵耳，詩道至少陵而大成，古今推以爲大家無異論，李固不得與也。」⑯

李、杜雖齊名，而韓人之好杜實過於好李。⑰

以杜詩爲集大成，殆始於唐人元稹所撰之唐檢校工部員外即杜君墓係銘：「余讀詩至杜子美，而知小大之有所總萃焉……至於子美，蓋所謂上薄風、驕，下該沈、宋，言奪蘇、李，氣吞曹、劉，掩顏、謝之孤高，雜徐、庾之流麗，盡得古今之體勢，而兼人人之所獨專矣……。」所謂「盡得古今之體勢，而兼人人之所獨專，正所謂「集大成」也。其後宋人如東坡、少游、李綱、胡仔、嚴羽及劉克莊等大家，無一不以「集大成」稱美少陵。而尤以秦少游所論，最是代表。少游於淮海集卷二十二韓愈論中云：「……蓋前之作者多矣，而莫有備於愈；後之作者亦多矣，而無以加於愈。故曰，總而論之，未有如韓愈者也……猶杜子美之於詩，實積衆家之長……於是杜子美者，窮高妙之格，極豪逸之氣，包沖澹之趣，兼峻潔之姿，備藻麗之態，而諸家之作所不及焉。然不集諸家之長，杜氏亦不能獨至於斯也。豈非適當其時故耶？孟子曰：伯夷，聖之清者也；伊尹，聖之任者也；柳下惠，聖之和者也；孔子，聖之時者也。孔子之謂集大成。嗚呼！杜氏、韓氏，亦集詩文之大成者歟！」少游此論，實就元稹之墓係銘而更推尊之。後山詩話引東坡語云：「子美之詩、退之之文、魯公之書，皆集大成者也。」東坡與少游云云，實先後呼應，少陵集詩家大成之地位，於焉確立。

東坡在韓國的聲望極高，僅次於少陵。東坡以少陵爲集大成，韓人自亦踵武其說。

六、有將杜甫比於孔子者。如：

△「後世詩律，當以杜工部爲孔子，蓋其詩之所以冠冕百家者，以得『三百篇』遺意也。『三百篇』者，皆忠孝臣子，烈婦良友，惻怛忠厚之發。不愛君憂國，非詩也；不傷時憤俗，非詩也；非有美刺勸懲之義，非詩也。故志不立，興不醇，不聞大道，不能有致君澤民之心者不能作詩，汝其勉之……。」⑱

這是丁若鏞給兒子的一封信，教他如何作詩。在信中，丁若鏞所表現出來的文學觀，是純儒家的翻版。他會把杜甫比成孔子，也就不足爲奇了。

在我國人的心目中，孔子具有絕對崇高的地位，他是萬世師表，甚至有「素王」之譽。如果我們將一位詩人，拿來和孔子相比，那麼這位詩人在詩壇上的地位，也就可想而知了。前面「集大成」的部分，提到秦少游在韓愈論中，把韓愈和杜甫都比成了孔子：「……孔子之謂集大成。嗚呼！杜氏、韓氏亦集詩文之大成者歟！」這是最早將杜甫比成孔子的。其後，趙次公的杜工部草堂記，對杜甫也大肆褒揚了一翻：「自孔、孟微言既絕，而詩之旨不傳……惟杜陵野老，負王佐之才，有意當世，而骯髒不偶。胸中所蘊，一切寓於詩。其曰：『許身一何愚，竊比稷與契。』又曰：『致君堯舜上，再使風俗淳』。此其素願也。至其出處，每與孔、孟合……」這完全是從儒家立場出發的。當然，假如不是從這個立場出發，就不太可能拿杜甫和孔子想提並論。事實上，在韓國的文壇，丁若鏞也是極度崇儒的，所以才會說出「後世詩律，當以杜工部爲孔子」的話。

七、有將杜甫比之於孟子者：

志林云：子美自比稷契，人未必許也。然其詩曰：舉舜十六相，身尊道向高；秦時用商鞅，法令如牛毛。此自是稷契輩人口中語也。碧溪詩話云：孟子七篇論君與民者居半。余觀少陵窮年憂黎元等語，其仁心廣大，異夫求穴之螻蟻，其得孟子之所有矣。東坡問畢仲游曰：少陵何如人？答云：似司馬遷，但能名其詩耳。余惟少陵似孟子者，蓋原其心耳……。

這是南義采龜磵詩話卷十四中引自志林的一段議論，將少陵比之孟子，就「原其心」的立場來看，似亦頗爲允當。

前半段是南義采龜磵詩話卷十四引自志林的一段話。當然，南義采本人是完全同意這種看法的。至於後面所引的碧溪詩話，應爲㺭溪詩話之誤，而且引文也稍有删節。㺭溪詩話是宋人黃徹所著。龜磵詩話所引的這段文字，見於㺭溪詩話卷一。原文是：「孟子七篇，論君與民者居半；其餘欲得君，蓋以安民也。觀杜陵『窮年憂黎元，嘆息腸內熱』，『胡爲將暮年，憂世心力弱』。宿花石戍云：『誰能叩君門，下令減征賦』。寄柏學士云：『幾時高議排君門，各使蒼生有環堵。』『寧令吾廬獨破受凍死亦足』。而志在大庇天下寒士，其心廣大，異夫求穴之螻蟻輩，眞得孟子之所存矣。東坡問：『老杜何如人？』或言似司馬遷，但能名其詩耳。愚謂老杜似孟子，蓋原其心也。」就「原其心」的立場來看，杜甫和孟子還倒眞是十分相似。

八、有譽之爲「詩聖」者。如：

「古人詩不厭改。少陵詩聖也。其詩曰：『柳花細逐楊花落，黄鳥時兼白鳥飛』，屢經刪改。⑲

這一段話出自東人詩話。東人詩話作者徐居正（一四二〇—一四九二），約當明成祖至明孝宗時人。杜甫在我國被稱爲詩聖，或始於宋代。但「詩聖」之譽傳至韓國，約當朝鮮初期。韓人詩話中，最早提到「詩聖」之名者，始於東人詩話。

明陸時雍詩鏡詩論有云：「宋人尊杜子美爲詩中之聖，字型句矱，莫敢輕擬……。」是知「詩聖」之稱，宋時已有之。然細按宋人詩話，皆未見此一稱謂。不知陸時雍云云，是否有據？其詩鏡總論亦但泛言「宋人尊杜子美爲詩中之聖」，而未明言何許人。

九、有比之「三百篇」者。如

△「……子美生於盛唐，能抉剔障塞，振起頽風，沉鬱頓挫，力去淫艷華靡之習。至於亂離奔竄之際，傷時愛君之言，出於至誠，忠憤激烈，足以聳動百世，其所以感發懲創人者，實與『三百篇』相爲表裡……。」⑳

「三百篇」是中國詩歌的最高表現，我們稱頌某一詩人，就往往把他們的作品，拿來與「詩經」相比。那麼杜詩在韓人心目中的分量，也就可想而知了。

△「……竊觀子美，博極群書，馳騁古今……千彙萬狀，可喜可愕。凡接於耳而寓於目者，雜然有動於心，一於詩焉發之，上自朝廷治亂之跡，下至閭巷細碎之故，咸包括而無遺……謂之『詩史』，不亦可乎，而其愛君憂國之誠，充積於中，而發見於詠嘆之餘者，自不容掩。使後之人，以感發而興起焉。此所以羽翼乎「三百篇」，而爲萬代之宗師也……。」㉑

丁若鏞把杜甫比之爲孔子，南羲采將杜甫比之爲孟子。曹偉將杜詩比之於三百篇，和這一則，金訢亦將杜詩視同「三百篇」，全都是從儒家的文學觀出發。可見儒家思想，不僅深入中國人心，也同樣的深入韓國人心。

三百篇是我國詩歌的最高成就，我們稱頌某一詩人，就往往把他們的作品，拿來與詩經相比，如張戒的歲寒堂詩話評少陵乾元中寓居同谷縣作歌七首云：「杜子美、李太白，才氣雖不相上下，而子美獨得聖人刪詩之本旨，與三百五篇無異……序曰：先王以是經夫婦，成孝敬，厚人倫、養教化、移風俗。又曰：上以風化下，下以風刺上，主文而譎諫，言之者無罪，聞之者足以戒，子美詩是已。」少陵以善言時事見稱，居唐代社會詩人之首，所賦歌詩，每關教化。宋人晁公遡、吳沆、及朱晦庵等，每以杜詩比三百篇，如晦庵跋章國華所集注杜詩云：「……況杜詩佳處，有在用事造語之外者，唯其虛心諷詠，乃能見之。國華更以余言求之，雖以讀三百篇可也。」（晦庵先生朱文公別集卷七）朱子對三百五篇，體認最深，詮釋也最具權威，他極少將一般詩人的作品和三百篇相比的，但他對杜詩，「雖以談談百篇可也」。足見他對杜詩稱許之深。朱子是韓人極欽佩的大儒，在韓國有極高的聲譽。可見韓人將杜詩比之三百篇，並非完全沒有依據。

十、杜優於李

李白、杜甫，究竟孰優孰劣，在我國吵了上千年，仍沒有一個確切的答案。但在韓國，杜甫顯然是佔了上風。金萬里西浦漫筆評李、杜之優劣云：

> 李、杜齊名。而唐以來，文人之左右袒者，杜居七、八。白樂天、元微之，王介甫及江西一派等尊杜；歐陽永叔、朱晦菴、楊用修等右李；韓退之、蘇子瞻並尊者也。若明弘嘉諸公，同亦並尊。而觀其旨意，率皆偏向少陵耳。詩道至少陵而大成，古今推以爲大家無異論，李固不得與也。

南龍翼壺　詩評云：

> 李杜優劣，自古未定，元微之始尊杜，而韓昌黎兩尊之。自宋以後無不尊杜。教陶孫詩評以杜爲周公制禮裡，不敢定議，此言是矣。

又正祖弘齋全書也持同樣的看法：

> 詩必以李、杜齊名，千載之下，優劣尚無定論，而欲得杜似有依據，是知李不如杜也。㉒

杜甫在韓國確實是出足了鋒頭。其實，李白自李白，杜甫自杜甫，他們不是同一類型的詩人，根本是不應該拿來相比的，全看各人所好而定。在韓國，杜甫之所以會優於李白，是很可以理解的。有關李、杜優劣的問題，在我國已經爭辯了好幾百年。右杜、右李、兩尊，各種說法皆有。

然大抵言之，總以右杜居多，兩尊亦不在少，右李則偶一見之。唐人元、白始爲右杜之說；韓退之爲詩曰：「李杜文章在，光焰萬丈長」，似又不以元、白爲然。其後宋人如王安石、蘇東坡、張戒、葛立方、胡仔、蔡夢弼、周紫芝等輩，皆杜之支持者；而嚴羽、劉克莊、謝榛等人，則爲並尊之說；僅楊大年、歐陽修等稍稍揚李。明、清兩朝，亦以右杜爲多。是知李、杜比較，杜似稍居上風。不僅在我國如此，在韓國亦然。以上有關韓人對杜詩的評價，不一而足。由於韓人對杜詩似有難以割捨之情，所以，似乎一切可以加到一個詩人頭上的讚美之詞都用盡了。

十一、韓人對杜詩固然稱譽有加，然偶亦有貶語，如：

△莊周放言譏侮孔子，而後多襲其語。如王績云：禮樂囚園旦，詩書縛孔丘。李白云：鳳歌笑孔丘。杜子美云：孔丘盜跖俱塵埃。不幾於侮聖人乎？杜則又甚焉！（李晬光芝峰類說上卷）

杜詩十九忠君爱國之詞，其服膺孔學義無返顧，此篇實牢騷之作，不可認眞。如就此篇斷章取義，恐非少陵本意也。晬光似未細讀。

△藝苑卮言曰：杜詩「淮王門有客，終不愧孫登」。頗無關涉，爲韻所強耳。余謂世間一種人不解利病，概謂古作皆善，并其不好處好之，率以爲法，惑矣。此等疪疾，今人指摘之，則必無信之者矣（李晬光芝峰類說考上）又

△杜子美岳陽樓詩，古今絕唱。而「親朋無一字，老病有孤舟」，與上句不屬，且於岳陽樓不相稱。（李晬光藝峰類說卷上）

最後第二則引王世貞藝苑卮言之語，只是人云亦云，殊無新意。則對杜詩之指摘，似可看出李睟光對詩之識見與鑑賞，頗成問題。以上三則對杜詩之非議，或未經細按，或由於自身之識見所限。均不得以此而罪少陵也。

韓人之服膺少陵，前已詳言之矣。然偶亦可見貶抑之辭，我國之論者亦然。如東坡題跋卷二記東坡評少陵解憂詩云：「杜甫詩固無敵，然自致遠以下句，眞村陋也。此最其瑕璃，世人雷同，不復譏評，過矣。然亦不能掩其善也。」東坡識見高遠，有過人者，行止尤其脫俗，是以稍涉村陋，自難入其法眼。而明人楊用修升菴詩話亦頗見抑杜之辭：「宋人以杜子美能以韻語紀時，謂之詩史。鄙哉宋人之見，不足以論詩也……三百篇皆約情合性而歸之道德也，然未嘗有道德字也，未嘗有道德性情句也……杜詩之含蓄蘊藉者，蓋亦多矣，宋人不能學之，至於直陳時事，類於訕訐，乃其下乘末腳，而宋人拾以爲己寶，又選出詩史二字以誤後人。」有明一代詩壇，宗唐、宗宋，壁壘分明，用修宗唐，抑宋自係意料中事，唯少陵亦不免爲流彈所傷耳。

以上有關韓人對杜詩之評論，大抵可以見出杜詩風靡韓國詩壇之一斑。凡我國詩壇對杜詩所作之評論，韓人大抵「照單全收」；而且韓人對杜詩之崇仰、熱愛，較我國似更有過之。少陵地下有知，恐不免要悲喜交集了。

【附　註】

①第一章頁十六。台北市黎明文化事業公司印行。
②頁五十八。韓國漢城市亞細亞文化社印行。
③同註②頁八十二。
④李仁老破閒集卷中。
⑤徐居正東人詩話卷上。
⑥正祖弘齋全書雜言篇。
⑦同註⑥。
⑧金萬里西浦漫筆。見詩話叢林亞細亞文化社出版。
⑨弘齋全書杜陸千選序。
⑩任璟玄湖瑣談。見詩話叢林。
⑪金得臣終南叢志評鄭東溟登凌漢山城詩條。
⑫張維谿谷漫筆。
⑬正祖弘齋全書卷一六五。
⑭成宗實錄卷一百七十六。
⑮東文選集八十五。
⑯同註⑧。

⑰ 詳見本節第十一、杜優於李條。

⑱ 丁若鏞與猶堂全書卷二十一示家兒。

⑲ 徐居正東人詩話卷下。

⑳ 曹偉杜詩諺解重刊序。

㉑ 金訢翻譯社詩序。

㉒ 弘齋全書卷一百六十五。

第二節　讀杜詩蔚成風氣

一來是由於韓國歷代學者對杜詩的評價極高，再來是由於歷代國君透過政府的力量，大力的提倡杜詩，因而韓人讀杜、學杜的風氣就十分普遍，而且歷久不衰。

在韓人的詩話中，每多好讀杜詩之記載。如：

……如杜詩，讀書破萬卷，下筆如有神，歐陽子從三上覓之，而晚唐之士積功夫……是故邵子周子，亦未免於好詩，而朱文公晚年，好讀杜詩……。①

朱文公好讀杜詩，是人盡皆知的事，甚至連在韓國人的詩話裡，都樂道這件事。韓國人是極崇敬朱文公的，所以，這對於韓國人讀杜詩，也許會起了一點示範作用。申緯讀杜詩，就讀得很起勁：

鵝兒酒煖迎紅燭，燕子泥融送碧車。
獨向書齋吟興劇，彩箋濡墨任批斜。

這是申緯三月三日小雨新晴詩②。首句鵝兒酒煖係用少陵舟前小鵝兒之詩意。他在書齋所吟的，顯然是杜詩。而正祖李亨運讀起杜詩來，更是興致勃勃：

唐宋文章几案間，縱橫有批好開顏。
浣花溪畔多春興，分與紅塵醉夢間。

浣花溪畔，必然是和杜甫爲伍，既多「春興」，而且又「縱橫有批」，那種得意情狀，躍然紙上。

沈守慶在遣閒雜錄裡面，對當時的讀書風氣，有這樣一段記載：

余少時，士子學習古詩者，皆讀韓詩東坡，其來古矣。近年士子以韓、蘇爲格卑，棄而不讀，乃取李、杜詩讀之。

學習古詩的士子，棄韓、蘇而讀李、杜，可見這是一時的風氣，不只是一兩個人的事了。一般詩話中，不僅有許多記錄他人讀杜詩的文字，也有自己讀杜詩的記錄：

柳方善寄詩僧義砧云：「十年南北苦相思，有底浮生久別離，何日更參方丈會，焚香細讀杜陵詩」。義砧，我成廟命諺文杜詩僧也。柳大諫允謙受杜詩於泰齋，其精熟一時無比。③

柳方善與義砧，都是當時詩學大家，對杜詩不僅精熟無比，而且每每「焚香細讀」，虔敬之情，令人感動。

權韠的讀杜詩偶題④云：

杜甫文章世所宗，一回披讀一開胸。
神飇習習生陰壑，天樂嘈嘈發古鐘。
雲盡碧空横快鶻，月明滄海戲群龍。
依然步入仙山路，領略千峰更萬峰。

每回批讀，不但開胸，而且一如「步入仙山路」，更能從杜詩中領略「千峰更萬峰」。不僅如此，他更在詩酒歌⑤中吟道：

岑生在吾左，杜子在吾右。

要是一旦不能讀杜詩時，恐怕就難以度日了。

梁慶遇霽湖詩話⑥云：

余讀杜詩，至「石欄斜點事，桐葉坐題詩」，知蓀谷之工於襲取也……。

蓀谷即李達。李達有詩云「弄荷閒摘葉，臨水獨題詩」。李蓀谷這兩詩，從意思上來看，或係出自少陵的「桐葉坐題詩」。所以梁慶遇才認爲蓀谷工於襲取。讀少陵詩，可以領略出許多詩法，這就是一個現成的例子。

讀杜詩不僅可以領略詩法，甚至可以伴人渡餘生：

夢寅處江湖，閒無事，前年讀左氏，今年誦杜詩。此真臨年者伴也，以此餞餘生，足矣。⑦

這麼看來，杜詩似乎和某些人的日常生活，融合爲一了。柳夢寅居然可以用杜詩來餞餘生，可見杜詩之爲用也大矣。

其實，閒來無事時，吟吟杜詩，也頗有一番趣味。麗季名家李奎報，就曾體會到閒吟杜詩的樂趣。他有一首詩：

辛酉五月，草堂端居無事，掃地之暇，讀杜詩「成都草堂詩」韻，書閒適之樂五首。

欲歸江郡詠汀蘋，尚滯京華失鬢春。
自號灌畦閒老圃，皆呼傲世一高人。
談筵落屑空驚客，睡榻鳴雷幾撼鄰。
酒渴時時須底物，櫻桃子熟摘嘗新。

這是五首中的第二首，多麼悠閒自在？卞季良似乎也頗能體會出這種讀杜詩的閒適之樂：

欣欣樹木共芳姿，好雨當春暗有期。
潤物無聲真大語，終朝閒詠草堂詩。

這首春雨詩，和前面李奎報的那首，似乎都讓我們感受到一種閒趣。

以上所述，都是自己讀杜詩的紀錄。也有些詩話裡，記載了勸別人讀杜詩的文字。如：

尹相公春年，先君癸卯年同榜也。有詩鑑，見先君一律，曰：「君應讀盛唐詩，必老杜也。」先君曰：「然。余方致力於杜詩……。」其後讀唐詩鼓吹，作詩示之。尹公曰：「此有晚唐氣味，必唐詩鼓吹也。」先君又讀杜詩，尹公見所作詩曰：「此又有盛唐音律，必讀杜詩也。」所言皆中，先君敬服。⑧

這位尹春年，眞具慧眼，且極力勸人讀杜詩。具有慧眼的人不只尹春年，李澤堂也有同樣的功力：

余於丙子亂中，有「晝常聞野哭，夢亦避胡兵」之句，澤堂詠嘆，謂余曰：「君詩極有杜格，讀杜幾許耶？有文章局量，須勉之。」時余方讀杜詩。若澤堂，可謂有明鑑也。彼不知詩者，譽之，不足喜也；毀之，不足怒也。⑨

要能做到這樣的「明鑑」，必定對杜詩要有相當的功力，必須熟讀杜詩，否則是不可能做到的。所以他在學詩準的中，再三勸人要熟讀摹襲：

杜詩變體，性情詞意，古今爲最。紀行及吏、別等作，分明可愛者，不可不熟讀摹襲，以爲準的……。

李澤堂曾撰纂註分類杜詩澤風堂批解，是韓國杜詩學者中之姣姣者，他勸人「不可不熟讀摹襲杜詩」，以爲學詩之準的。

杜詩諺解重刊序的作者張維，也勸人不可不讀杜詩：

詩有未可廢者，則杜詩，何可不讀。⑩

這些大家，都勸人讀杜詩。可見杜詩還眞是不可不讀的。在韓人的詩話中，這種勸人讀杜詩的文字俯拾皆是，可見韓人讀杜詩的風氣，眞是歷久不衰。不僅如此，韓人的勤學精神，是極令人欽佩的，在歷代詩話中，不僅發現有些勸讀杜詩的記載。甚至讀上一兩千遍，幾乎令人難以置信。如：

古今績學之士，靡不以勤致之。我東文章鉅公，多讀書者，亦可歷數。世傳金乘崖閉門讀書不窺外，下堂見落葉，始知秋天。成虛白晝讀夜誦，手不釋卷，如廁或至忘返。金　孫讀韓文千遍；尹潔讀孟子千周；盧蘇齋讀論語、杜詩二千回……李東岳讀杜詩數千周……。⑪

柳夢寅的於于野談中，也有同樣的記載：

盧蘇齋守愼，謫珍島十九年，冬則爲窟室而讀書，於書無所不讀，而偏論語及杜詩，至二千周……。⑫

動不動就是一兩千遍，即使在我國歷代學者當中，恐怕也不容易找出如此勤讀杜詩的人。讀千遍萬遍，固然可嘉，但如果讀不出一點心得，也是枉然。韓人讀杜詩，也頗有所領略。前面李穡讀杜詩，就已經說過：

依然步入仙山路，領略千峰更萬峰。

姜瑋讀杜詩⑬，也頗有所體會：

牛羊下來久，各自閉柴門。
久字及己字，豈不是俚言？
詩家忌俚言，又忌使經語。
遊蜂轉蜜時，宜採糞壤去。

此妙多不解，微杜吾誰與。

從實際的作品中，體會出杜詩的「妙」，所以全心歸向，義無反顧。這是經過極理性的思考，而得出的結論。也有由於讀杜詩，而引發的一種感性的反應。如：

僕嘗讀杜子美飲中八仙歌，怳然。若生於天寶間，得與八仙交臂而同遊。爲其時畫工作八仙圖，以與子美之歌，相爲表裡，用傳於世者，蓋不少矣……。⑭

在讀杜詩時，加入一點想像，也頗能開出一片天地。不過，像鄭經世那樣，過於感性，有時恐怕就難以終卷：

每讀老杜、簡齋詩，一家漂泊之狀，令人隕淚。⑮

韓人讀杜詩風氣之盛，可以想見。有時自己家中沒有杜詩，還要千里迢迢的去向別人借閱。休靜上鄭玉溪書裡面，就記了這樣一件事：

丁巳春，彼（尹春年）借華嚴經，我借杜詩，易地相看，限三年相還之約。厥後，我入頭流，彼在城市，音問漠然。幽冥忽隔負約，哀痛哀痛。今尹相有二郎，索杜詩於我，懇懇，奈何奈何！聞其杜詩貴胤借覽云。未知可否，然則，命送急還，其主幸幸。⑯

對杜詩如此熱愛，著實令人感動。

韓人讀杜詩，不限於讀書人，甚至連武人和小孩都讀。如：

宋時有武人，舉杜詩問於人曰：「杜曰：『白也詩無敵』，繼之曰：『清新庾開府，後逸鮑參軍』。既曰無敵，則何以但比庾、鮑也？」其人不能答。然則武人亦未可輕之也。⑰

武人不但讀杜詩，而且似乎還讀得頗有心得。提出的問題居然「其人不能答」，使大家對武人的印像都大爲改觀——「然則武人亦未可輕之也」。

不知道是巧合抑或韓人有所因循，宋胡仔苕溪漁隱叢話卷二十二所記蔡寬夫詩話中的一段文字，和車天輅五山說林草稿所記，幾乎完全相同。原文是這樣的：

予爲進士時，嘗舍於汴中逆旅，數同仁亦論杜詩。旁有一押糧運使臣，或顧之曰：「嘗亦觀乎？」曰：「平生好觀，然多不解。」因舉「白也詩無敵，飄然思不群」相問曰：「既言無敵，安得卻似鮑照、庾信？」時座中雖笑之，然亦不能遽對，則似亦不可忽也。

在這段引文後面，胡仔對這件事有所評論，大意謂：庾詩不能俊逸，鮑詩不能清新，太白能兼有二者，所以曰無敵。這層道理，武弁何足以知之。比較蔡寬夫和車大輅二人所記，內容完全相同，只是文字稍異。不論這兩段文字有沒有關係，都足以說明一件事——無論在中國或韓國，杜詩顯然是普遍的受人歡迎，不僅讀書人必讀，即使是武人，也能隨口吟詠，眞到了家喻戶曉的程度了。

有關小孩子讀杜詩的紀錄，在韓人文獻中屢見不鮮。如：

余兒時無師友，先讀杜詩。次及黃、蘇，瀛奎律髓諸作。習作數千首，路脈已差。然後欲學選詩唐音，而菁華已耗，不能學，又不敢捨杜少陵而學唐，故持疑未決。四十以後，得胡元瑞詩藪，然後方知學詩不必專門，先學古詩、唐詩，歸宿於杜。⑱

在還没有進私塾以前，還没有師友的時候，就要先讀杜詩，而且到四十以後，又歸宿於杜。這是許多韓人的學詩歷程。鄭樞的聞倭賊破江華郡達旦不寐作蛙夜鳴以敘懷⑲一詩中云：

兒童吟哦杜陵句，豈意耳邊聞戰鼓。
自從西極天柱折，十載九作兵車行。
……
君不見聖神天子御中國，海水不波河水清。
安得有手斡天運，坐使群龍洗甲兵。

兒童都能隨口吟出杜陵句，所吟的自然不外乎兵車行，洗兵馬之類。又黄玹的石亭旦過弊居贈古詩次其韻仍有唱酬⑳云：

少小爲詩學杜甫，偏門不肯慕王韋。
戲餘事墨嬌如語，老去鬚眉颯欲飛。

「少小爲詩學杜甫」，韓人許多詩文集中，都有這樣的自白。連武人和兒童都讀杜詩，那麼，杜詩在韓國流傳之普遍，就可以想見了。

韓人普遍好杜，這是不爭的事實。但是，在韓國之所以會形成這麼普遍的讀杜風氣，除了韓人本身好杜之外，由官方出面大力倡導，甚至強令人讀杜詩，也是促成杜詩普遍流傳韓國的原因。成宗實錄裡面，有這樣的記載：

杜詩，詩之祖，前司成柳允謙，傳受其文方善，頗精熟，請令年少文臣受業。上曰：「可」。㉑

要年少文臣讀杜詩，這是正式由政府出面來倡導杜詩。不但一般年少文臣要讀，甚至連國君都要讀。成宗實錄裡頭說：

昔太宗欲進講杜詩。杜詩詩史，都是忠君愛國之辭，而臣祖權近，猶以爲不可不進講。㉒

這是成宗十五年十月，權建所上的「啟」。上至國君，下至兒童、武人，人人都讀杜詩，杜詩怎能不普遍流傳？

【附　註】

① 南孝温秋江冷話。

② 申緯申紫霞詩集頁六十一。

③ 慵齋叢話，論柳方善條。

④ 石洲集卷四。

⑤ 石洲集卷二。

⑥ 見詩話叢林。

⑦ 柳夢寅於于集卷六。

⑧ 車天輅五山說林著稿。
⑨ 金得臣終南叢志。
⑩ 張維谿谷漫筆。
⑪ 同註⑨。
⑫ 於于野談卷上。
⑬ 古懽堂集卷四。
⑭ 李仁老題李佺海東耆老圖後。
⑮ 愚伏集卷十三，答宋敬甫。
⑯ 清虛堂集卷三。
⑰ 車天輅五山小說林草稿。
⑱ 李植澤堂集卷十四。
⑲ 東文選卷七。
⑳ 黃玹全集上。
㉑ 成宗實錄卷一二二。
㉒ 成宗實錄卷一七〇。

第三節　模擬杜詩之作品

韓人對杜詩的喜愛，是個不爭的事實。他們對杜詩不僅給予極高的評價，而且還勤讀精熟，甚至還以杜詩爲學習摹擬的對像。歷代摹仿杜詩的作品，不計其數。有襲取杜甫詩意的；有摹擬杜詩句法的；有仿效杜詩體裁的；有集杜句爲詩的；也有直用杜詩原句的；至於和韻之作，就更難以計數了。以下分別舉例說明：

一　有取於杜甫詩意者

△李仁老九月漫成詩①云：

登臨處處好山川，只恨無人送酒錢。
藍澗一詩今膾炙，龍山當日即神仙。

所謂「藍澗一詩」，係指杜甫九日藍田崔氏莊。該詩有句云「藍水遠從千澗落，玉山高並兩峰寒。」這就是所謂的藍澗詩。李仁老詩係重陽日作，杜甫此詩也是重陽日作。李仁老九日作詩，很自然的就想到杜甫的九日藍澗詩，可見杜詩之深入人心。

△許伯丁卯重陽詩②云：

懷土士衡猶得信，登台子美不勝哀。
舊時高契今餘幾，感歎諸公骨已苔。

少陵登高詩有云：

萬里悲秋常作客，百年多病獨登台。
艱難苦恨繁霜鬢，潦倒新停濁酒杯。

許伯重陽詩所謂「登台子美不勝哀」者，即係就子美「萬里悲秋」、「百年多病」而言。杜甫這首登高，原係九日五首當中的一首，重陽登高係古人習俗，事實上杜甫這首登高，正是作於重陽日，與許伯相同。許伯於重陽作詩時，憶及子美登高，所以才會有「登高子美不勝哀」句。

△成侃除夜詩③有云：

清談仍促酒，不必阿戎家。

阿戎係杜甫從第杜位的小名。杜甫有杜位宅守歲詩：

守歲阿戎家，椒盤已領花。
……
誰能更拘束，爛醉是生涯。

杜甫在阿戎家「守歲」曾「爛醉」，成侃於「除夜」「促酒」，憶及杜甫當年在阿戎家守歲爛醉，所以不自覺的就吟出「清談仍促酒，不必阿戎家」。

△林椿與李眉叟會湛之家詩④云：

十年計活挑燈話，半世功名抱鏡看。

自笑老來追後輩，文思宜意一時闌。

少陵江上詩云：

動業頻看鏡，行藏獨倚樓。

時危思報主，衰謝不能休。

林椿所謂「半世功名抱鏡看」，實係從少陵之「勳業頻看鏡」變化而出。林詩在於感歎「半世功名」，杜詩何嘗不亦爲「勳業」而慨然有懷。

△徐居正東人詩話⑤云：

金員外克己醉時歌云：「釣必連海上之六鰲，射必落日中之九烏，六鰲動兮魚龍震盪，九烏出兮草木焦枯。男兒要自立奇節，弱羽纖鱗安足誅」。語甚豪壯挺傑。其意本少陵「射人先射馬，擒賊先擒王」。

徐居正的東人詩話，是韓國所有的詩話當中，最傑出的作品之一，徐居正果然眞具法眼。金克己此詩，表面文字頗似李白，但詩意全本於少陵。

△李奎報評李文順辟寒犀詩⑥云：

李文順賦辟寒犀云：「羅綺香薰暖似春，君王猶愛辟寒珍，人間臘雪盈三尺，白屋那無凍死民」，豈不有關於治教乎？

李文順好杜詩，集中有和杜韻數首，亦頗有仿杜之作，此詩明顯的是用杜甫名句「朱門酒肉臭，路有凍死骨」之意。

韓人詩中之襲用杜意，略如前述。然我國歷代詩人，又何嘗不襲用杜意？白樂天新制布裘所謂「安得萬里裘，蓋裡過四垠，穩暖皆如我，天下無寒人」，其意完全襲自少陵之茅屋爲秋風所破歌。一如退之蠅詩之「涼風九月到，掃不見蹤跡」，其意全本於子美螢詩之「十月青霜重，飄零何所歸」。細按二詩皆出一意，晚唐杜牧之「公道世間唯白髮，貴人頭上不曾饒」，語殊新奇，然實本於少陵「苦遭白髮不相放」（九日）之意。樂天、牧之，皆善於襲意者。然宋人詩中襲古人意猶多，山谷大倡此一風氣。釋惠洪冷齋夜話卷一戴山谷語曰：

山谷云：詩意無窮，而人之才有限，以有限之才，追無窮之意，雖淵明、少陵不得工也。然不易其意而造其語，謂之換骨法；窺入其意而形容之，謂之奪胎法。如鄭谷十月菊曰：「自緣今日人心別，未必秋香一夜衰。」此意甚佳，而病在氣不長。西漢文章雄深雅健者，其氣長故也。曾子固曰：「詩當使人一覽語盡而意有餘，乃古人用心處。所以荊公菊詩曰：「千花萬卉凋零後，始見閒人把一枝。」又曰：「青天盡處沒孤鴻」。其病如前所論。山谷作登達觀台詩曰：「瘦藤拄到風煙上，乞與遊人眼界開。不知眼界闊多少，白鳥去盡青天回。」凡此之類，皆換骨法也。顧況詩曰：「一別二十年，人堪幾回別。」其詩簡拔而立意精確。舒王作與故人詩云：「一日君家把酒杯，六年波浪與塵埃。不知烏石江邊路，到老相逢得幾回。」樂天詩曰：「臨風杪秋樹，對酒長年身。醉貌如霜葉，雖紅不是春。」東坡南中作詩云：「兒童喜朱顏在，一笑那知是醉紅。」凡此之類，皆奪胎法也。學者不可不知。

山谷極力標榜「奪胎換骨」，無異公然宣布「巧取豪奪」之爲合法也。實大大助長此一風氣。此後宋人爲詩，幾至無胎不奪，無骨不換矣。如胡應麟困學紀聞卷十七載梅聖俞事云：得房公池鵝詩：「鳳凰池上應回首，爲報籠隨王右軍」。宋元憲以鵝贈梅聖俞，聖俞以謝曰：「昔居鳳池上，曾食鳳池萍，乞與江湖客，從教養素翎。」宋得詩不悅。聖俞意本於少陵。

元憲以鵝贈聖俞，聖俞以少陵得鵝之意謝，元憲以是不悅。是知聖俞詩意，實從少陵詩來。劉希夷「今年花落顏色改，明年花開復誰在」之意，實本於少陵「明年此會知誰健，醉把茱萸仔細看」（九日藍田崔氏莊）。袁說友東塘集卷二有詩題爲江行有惠梅花者，因憶少陵之江上被花惱不徹，無處告訴只顛狂，遂借此意而吟，則其詩之本於少陵，已出自供。宋人不僅詩意每有從杜詩中來，詞亦有之。如晏小山詞云：「今宵剩把銀釭照，猶恐相逢是夢中」，實本少陵羌村詩。

二 反用杜甫詩意者

我國詩人之因襲少陵，殊難盡舉。韓人詩之襲用杜意，又有何不可？

所謂「反用杜甫詩意」，其實詩意仍係出自杜詩，只不過和杜甫詩意正好相反，是一種刻意的反用，並不是出於巧合。

△申光洙敬呈竹社耆老宴詩其二⑦云：

三千甲子居然近，七十人生未覺稀。
身是老萊班白日，無筵齊插菊花歸。

少陵曲江詩云：

朝回日日典春衣，每日江頭盡醉歸。
酒債尋常行處有，人生七十古來稀。

杜詩本謂「人生七十古來稀」，而申光洙刻意反用其意，說成「七十人生未覺稀」。

△金命元宣祖廟古事本末⑧云：

蒲芽初白柳眉分，太液池台帶夕曛；
卻羨當年杜陵老，江頭猶見鎖千門。

杜甫哀江頭詩云：

少陵野老呑聲哭，春日潛行曲江曲；
江頭宮殿鎖千門，細柳新蒲爲誰綠。

哀江頭詩係少陵於「安史之亂」時作，所謂「江頭宮殿鎖千門」者，乃係指玄宗逃難四川，所以長安的宮殿就只好「鎖千門」，金命元詩寫「壬辰之亂」，景福宮已爲戰火所燬，即使欲「鎖千門」而不可得，所以他反而羡慕少陵當年能看到鎖千門的宮殿。這是極其悲痛的寫法。

△李滉十三抵醴泉再辭待命呻吟之餘見軒有已酉經行拙句有感二首之一

　　鬢雪渾驚失舊青，客懷搖颺似風旋；
　　賀公若得歸吴地，杜老寧辭食楚萍。

少陵奉酬薛十二丈判官見贈云：

　　文王日儉德，俊又始盈庭；
　　榮華貴少壯，豈食楚江萍。

少陵本謂「豈食楚江萍」，退溪（李滉字）詩則謂「寧辭食楚萍」，意正反用。

將典故或前人語意加以反用，古人謂之翻案。前人佳作，每多翻案；前人評詩，亦每以翻案爲佳。如郭麐靈芬館詩話卷三云：「詩以翻案爲工，然須如人意之所欲出，方妙。」蓋陳言舊說，一經翻案，不僅意思轉進一層，且殊收化腐朽爲神奇之妙，眞點鐵成金也。顧嗣立寒廳詩話云：「韓昌黎詩句句有來歷，而能務去陳言者，全在反用……學者解得此秘，則臭腐化爲神奇矣。」足見前人對翻案詩之青睞。其實少陵本身即極善用此法，其詩中每見翻案之佳構。如九日藍田崔氏莊「羞將短髮還吹帽，笑倩旁人爲正冠」，正反用孟嘉落帽事。孟嘉落帽，典出晉書，原爲家喻戶曉之事，詩人苟陳陳用之，必落俗套，少陵翻轉其意，乃使人耳目一新。又五盤云：「池僻無網罟，水清反多魚。」亦係翻案。揚雄答客難云：「水至清則無魚」，亦實情也，而少陵反轉其意，謂「水清反多魚。」一經翻轉，意自出奇。他如寄狄明府博濟之「濁河終不污清濟」將赴荆南寄別李劍州之「焉知李廣不封侯」，及秋野之「兒童解蠻語，不必作參軍」等，皆翻案也。

少陵妙用翻案，頗示後人以法，是以乃有翻少陵詩案者。如退之送文暢云：「照壁喜見蝎」，正係反用少陵早秋苦熱堆案相仍之「每愁夜中自足蝎」；又少陵蘇端薛復筵簡薛華醉歌云：「忽憶往時秋井塌，古人白骨生蒼苔，如何不飲令心哀。」東坡翻案云：「何須更待秋井塌，見人白骨方銜盃。」退之、東坡皆一時巨匠，其翻案如此；又少陵九日藍田崔氏莊云：「明年此會知誰健，醉把茱萸子細看。」劉景明重陽詩則云：「不用茱萸子細看，管取明年各強健。」亦翻少陵詩案。

韓人詩話中雖未特別標舉翻案，然韓國詩人亦頗能體會出翻案之妙用。前舉諸例，皆韓人翻少陵詩案者，亦不多讓於退之、東坡也。

三　襲用杜詩詞彙者

△李穡自頌辭⑨云：

惟親情之乖離，杳暮雲而春樹。

杜甫春日憶李白有句云：

謂北春天樹，江東日暮雲。

李詩的「暮雲」、「春樹」，明顯的襲自杜詩。

△李藏用自寬⑩云：

萬事唯宜一笑休，蒼蒼在上豈容求；

但知吾道何如耳，不用斜陽獨倚樓。

杜甫江上云：

勳業頻看鏡，行藏獨倚樓。

李詩「不用斜陽獨倚樓」，「獨倚樓」乃出於少陵江上詩。

△李混曉發北倉江入峽寄時甫⑪云：

關塞極天君向北，家山迎眼我歸東；

定知此後長相憶，努力無虧一簣功。

杜甫秋興八首

關塞極天唯鳥道，江湖滿地一漁翁。

李混曾和杜甫秋興八首，並非對秋興一無所知。明顯的是襲用杜甫的詞彙。

在韓人作品中，似此等例，俯拾皆是，舉不勝舉。以上但舉三例，不再贅舉。

其實，何止韓國詩人如此，我國詩人，又何嘗不如此，即使像東坡、山谷，亦每有仿杜之作，東坡之「讀書頭欲白，相對眼終青」、「身更萬事已頭白，相對百年終眼青」；山谷之「江山萬里盡頭白，骨肉十年終眼青」、「白頭逢國士，青眼酒尊開」等，每以「頭白」對「眼青」，其實杜詩中早有「別來頭併白，相見眼終青」之句，即係以「頭白」對「眼青」，是知東坡、山谷也頗用少陵詞彙。又山谷「春風春雨花經眼，江南江北水拍天」亦用少陵詞彙，蓋少陵有「且看欲盡花經眼」句。而劉夢得之「學堂青玉案，綵服紫羅囊」，更明顯的從少陵「試吟青玉案，莫非紫羅囊」而來。以上諸例，皆可見出杜詩之牙慧後人多矣。

四　襲用杜詩句法者

△丁若鏞與猶堂全書⑫云：

盧蘇齋五言律酷類杜法，一字一語，皆從杜出。其「詩書禮學未，四十九年非」之句，世皆傳誦，實出於老杜詠月詩「羈栖愁裡見，二十四回明」，可謂工於依樣矣！杜詩長律，縱橫雄宕，不可學而能之，故蘇、黃兩陳俱不敢傚其體，而蘇齋欲力追及之，難矣！」

盧蘇齋的「四十九年非」，和杜甫的「二十四回明」，在句法上來說，確實十分相似。

△徐居正東人詩話⑬云：

詩不蹈襲，古人所難。李文順平生自謂「擺落陳腐，自出機杼，如犯古語，死且避之。」然有句云：「黃稻日肥雞鶩喜，碧梧秋老鳳凰愁。」用少陵「紅豆啄餘鸚鵡粒，碧梧棲老鳳凰枝」之句……以李高才尚如是，況不及李者乎？

李文順有「東方杜少陵」之稱。不僅詩歌冠絕韓人，而且極好杜詩，這種句子，襲杜痕跡十分明顯。

△徐居正東人詩話⑭云：

老杜詩「侍臣雙宋玉，戰策兩穰苴」，蓋用六五帝，四三王之語，金久冏送僧詩云：「道已雙支遁，詩能兩善權」，摹擬太過，真所謂屋上架屋也。

金久冏詩，確實摹擬太過，其實杜甫這兩句詩，不見得如何出色，金氏刻意摹擬，似可不必。

△權　重陽詩⑮云：

酒從前夜熟，菊是故園香。

少陵月夜憶舍弟詩云：

露從今夜白，月是故鄉明。

兩詩並列，權韠詩的模仿痕跡，至爲明顯。

歷來詩人作詩，固多獨出胸臆，然就前人佳作名篇中，偶一摹襲，亦在所不免。而襲古人句法者尤多。少陵係公認之大家，以之爲摹襲對象者難以數計。如明人楊愼於升庵詩話中云：「梅聖俞詩『南隴鳥過北隴叫，高田水入低田流』，山谷詩『野水自添田水滿，晴鳩卻喚雨鳩來』，李若水詩『近村得雨遠村同，上圳波流下圳通』，其句法皆自杜子美『桃花細逐楊花落，黃鳥時兼白鳥飛』之句來。」升庵詩話云云，頗能一針見血。似此等例，實不在少，如山谷簟詩之「落日映江波，依稀比顏色」，實脫胎自少陵夢李白詩之「落月滿屋樑，猶疑照顏色」。又明人俞弁逸老堂詩話云：「老杜秋興云：『紅稻啄餘鸚鵡粒，碧梧棲老鳳凰枝』，荊公效其錯綜體，有『繰成白雪桑重綠，割盡黃雲稻正青』，言繰成，則知白雪爲絲；言割盡，則知黃雲爲麥矣。近時吳興邱大祐有『梧老鳳凰枝上雨，稻香鸚鵡粒中秋』，亦得老杜不言之妙。」荊公繰成白雪句，與少陵秋興句殊無關係，不必強作解人，倒是邱大祐的梧老鳳凰句，確實是得自少陵。由以上諸例可知，襲句者多就少陵一字一句，亦步亦趨。而李東陽麓堂詩話，更將其步趨少陵句法，和盤托出：「詩用倒字倒句法，乃覺勁健。如杜詩『風簾自上鉤』、『風窗展書卷』、『風鴛藏近渚』，風字皆倒用。至『風江颯颯亂帆秋』，尤爲警策。予嘗效之曰：『風江捲地山蹴空，誰復壯遊如兩翁』。論者曰：『非但得倒字，且得倒句』，予不敢應也。」此係麓堂步趨少陵之自供。我國詩人中之名輩大家，尚且如此，則韓人之步趨杜法，自亦不足爲奇矣。

五　既襲意也襲詞者

△黃玹和小川論詩六絕之五⑯云：

問渠底癖耽佳句，語不驚人死不傳。

少陵江上值水如海底勢聊短述云：

爲人性癖耽佳句，語不驚人死不休。

黃玹的論詩絕句，無論就內容或句法來說，幾乎就是少陵詩的翻版。

△沈守慶遣閒雜錄云：

……未幾，春病死，余復戲作一律曰：「生別長含惻惻情，那知死別忽呑聲。乍聞凶訃腸如裂，細憶音容淚自傾。書札幾曾來泪水，夢魂無後到箕城，嬋娟戲語還成讖，愧我泉原負舊盟。

沈詩頭兩句「生別長含惻惻情，那知死別忽呑聲」，顯然是從杜甫夢李白二首之一胎化而出。杜詩云：

死別已呑聲，生別長惻惻。

沈詩只是將杜詩的五言增爲七言，將一二句位置顚倒。杜以之思舊友，沈則借爲哭佳人。

△成石璘在固城寄舍弟詩⑰云：

擧目江山深復深，家書一字抵千金。

少陵春望詩云：

國破山河在，城春草木深；
感時花濺淚，恨別鳥驚心；
烽火連三月，家書抵萬金；
白頭搔更短，渾欲不勝簪。

成石璘詩的首句，即是杜詩首聯；成詩第二句，即由杜詩第六句添二字而成。詩意句法，無一不從杜詩來。

△李仁老崔太尉家藏草書簇子⑱云：

顛張脫帽落雲煙，妙筆通靈選作仙；
不見明珠還舊浦，空留畫餅出饞涎。

少陵飲中八仙云：

汝陽三斗始朝天，道逢麴車口流涎；
……
張旭三杯草聖傳，脫帽露頂王公前；
揮毫落紙如雲煙。

李仁老「顛張脫帽落雲煙」句，實將少陵飲中八仙寫張旭之三句融合為一。張旭酒後奔走呼號，而後落筆，時人呼為張顛，所以李仁老稱之為顛張。而「空留畫餅出饞涎」句，實本之於寫汝陽之「道逢麴車口流涎」。

△李崇仁民望傳郭秘丞見心歿嗚呼見心已矣吾與民望流離嶺表行且徂歲存歿可哀情見乎辭見心名復詩⑲云：

風霜流景暮，詩酒舊游涼。

何事中宵月，愁時滿屋梁。

少陵夢李白二首之一云：

落月滿屋樑，猶疑照顏色。

水深波浪闊，無使蛟龍得。

李詩之「何事中宵月，愁時滿屋樑」，實係將杜詩之「落月滿屋樑」一句析之爲二。且少陵此詩係因誤聞太白已歿而作，李崇仁因聞其友郭見心歿、而作是詩。二詩皆念亡友情意相類。所以李崇仁襲少陵此句，亦頗貼切。

△李湜露陰望雲詩⑳云：

船舷暝戛境非世，頰笏朝拄人超群。

白衣蒼狗自世態，向此雲山君莫云。

少陵渼陂行云：

半陂以南純浸山，動影裊窕沖融間。

船舷暝戛雲際寺，水面月出藍田關。

又可歎云：

天上浮雲似白衣，斯須改變如蒼狗。

古往今來共一時，人生萬事無不有。

李詩之首句自係襲自少陵之「船舷暝戛雲際寺」；三句「白衣蒼狗自世態」，則係濃縮可歎之一二句而得。詩意當然也類少陵。

前面提到了許多種不同的摹擬杜詩的作品，而以此種摹襲之痕最爲明顯。此法白樂天最優爲之。如少陵有句云「野航恰受兩三人」（南鄰），而樂天詩云：「野艇容三人」，詞、意皆本少陵，但將七言改爲五言耳。又少陵有詩云：「夜足霑沙雨，春多逆水風」（老病），而樂天襲之云：「巫山暮足霑花雨，隴水春多逆浪風」，與前例如出一轍，一望而知，全自杜詩中來。王楙野客叢書卷七「三公詩句」條云：「杜子美詩『震雷翻幕燕，驟雨落河魚』；姚合詩：『驚飆墜鄰果，暴雨落江魚』；皮日休詩：『高風翔砌鳥，暴雨失池魚』」。王楙將三人詩句並列，無非要點出姚合及皮日休詩之出自少陵。我國詩人之襲杜，俯拾可見，與前舉韓人襲杜諸例相較，如出一轍。是知襲句摹篇，中外皆然。

六　整篇摹擬杜詩者

前面幾種襲杜的作品，都只限於一二句，並非全篇。其實，韓國詩人有些作品是全篇仿杜的。有全篇各句都仿杜詩的，也有全篇主旨出於杜詩，但並不是句仿字襲的。如：

△權　切切何切切㉑

切切何切切，有婦當道哭。

問婦何哭爲？夫婿遠行役。
謂言即顧反，三載絶消息。
一女未離乳，賤妾無筋力。
高堂有舅姑，何以備饘粥。
拾遺野田中，歲暮衣裳薄。
北風吹郊墟，寒日慘將夕。
獨歸茅簷底，哀怨豈終極。

權韠論詩多主少陵，集中摹擬少陵之作頗多，如「九月九日在務安縣沙湖對酒有作」、「卜居」等，均仿杜之作。這一首「切切何切切」，顯然是受到杜甫「石壕吏」的啟發。

△李翔催租吏㉒云：

門前久喧呼！云是崔租吏。
來言官令嚴，秋租需急備。
幸勿後租期，豈待煩鞭垂。
今年天不雨，禾枯仍未穗。
閭里有飢色，黎庶無生意。
何以應稅租，相看但垂淚。

這首詩，無論內容、語氣，乃至題目，都是仿石壕吏的。韓人極重三吏三別，每多仿作。除權　和李翔外，仿三吏三別仿得最徹底的是丁若鏞，丁若鏞與猶堂全書卷四有仿三別之作——石隅別，沙坪別和花潭別，卷五則有仿三吏之作——龍山吏、波池吏和海南吏。玆各錄一首如下：

石隅別㉓

嘉慶辛酉正月二十八日，余在茗川，知有禍機，入京住明禮坊，二月八日，台參發厥明日曉鍾入獄，二十七日夜二鼓，蒙恩出獄，配長　縣，厥明日就道，諸父諸兄至石隅村相別。

蕭颯石隅村，前作三叉歧。
二馬鳴相戲，似不知所之。
一馬且南征，一馬將東馳。
諸父皓須髮，大兄弟交頤。
壯者且相待，耆耋誰得知。
斯須復斯須，白日已西垂。
行矣勿復顧，黽勉留前期。

龍山吏　次杜韻庚午六月

吏打龍山村，搜牛付官人。

驅牛遠遠去，家家倚門看。
勉塞官長怒，誰知細民苦。
六月索稻米，毒痛甚征戍。
德音竟不至，萬命相枕死。
窮生儘可哀，死者寧竒矣。
婦寡無良人，翁老無兒孫。
泫然望牛泣，淚落沾衣裙。
村色劇疲衰，吏坐胡不歸。
瓶罌久已罄，何能有夕炊。
坐令生理絶，四鄰同嗚咽。
脯牛歸朱門，才謌以甄别。

前首石隅别，是他親身的經歷，連時間、地點都有明確的記載；後一首龍山吏，則和少陵石壕吏韻。內容與李翔之催租吏如出一轍，想必當時確有其事。

△申欽次杜少陵曲江三章㉔：

眼前突兀南山高，耳裡淅瀝風松濤。
睥睨世事如牛毛，豐貂長徂是何物。

冥鴻逸鶴吾爲曹。
且信吾心即太古，山逕寥寂從萑莽。
凡楚存亡那足數，枯梧睡起瞪兩目。
林外秋聲來暮雨。
得馬失馬寧非天，腰鎌荷鋤且歸田。
休待霸華飄鬢邊，可笑經營富貴春。
自是天年與萬年。

曲江三章正如杜甫自己所說「非古亦非今」，是杜甫的創體。杜甫是極度憋忸的心情之下，才會寫出極度憋忸的詩體。申欽詩的內容相當平和，心情也絕不像杜甫當年那麼憋忸。所以申欽這首仿作，只能說得其形，而不能得其神。謹將杜甫原作抄出，可資比較。

曲江蕭條秋氣高，菱荷枯折隨風濤。
遊子空嗟垂二毛。白石素沙亦相蕩，
哀鴻獨叫求其曹。
即事非今亦非古，長歌激越捎林莽。
比屋豪華固難數，吾人甘作心似灰，
弟姪何傷淚如雨。

自斷此生休問天，杜曲幸有桑麻田。
故將移住南山邊。短衣匹馬隨李廣，
看射猛虎終殘年。

全詩呈現之心情，一如白石素沙之相激盪。結果「短衣匹馬隨李廣、看射猛處終殘年」，那種除惡務盡的心情，仍然憤憤不平，申欽的仿作，似未注意到內容與形式配合的問題。

△柳方善古柏㉕：

獨立空原老幹長，天生異物豈尋常。
寧將艷態爭桃李，但保貞心傲雪霜。
寒色肯移千載翠，疏陰不變四時涼。
莫言材大終難用，會入明堂作棟樑。

此詩全用少陵古柏行之原意、尾聯稍作變化。少陵尾聯原作

志士幽人莫怨嗟，古來材大難爲用。

頗有身世之歎。

以上所舉各例，雖都係全篇仿杜之作，但多仿意或仿其體，而不甚襲詞。而申光洙之登岳陽樓歎關山戎馬詩，可謂仿杜作之集大成者，不僅長篇巨製，而且大部分都來自杜詩。茲錄該詩於後，並於各句之下，列出其所仿之杜句：

登岳陽樓歎關山戎馬

秋江寂寞魚龍心　　魚龍寂寞秋江冷㉖
人在西風仲宣樓　　春風回首仲宣樓㉗
梅花萬國聽暮笛　　萬國城頭吹畫角㉘
桃竹殘年隨白鷗
烏蠻落照倚檻恨
直北兵塵何日休　　直北關山金鼓震㉙
春花故國濺淚後　　國破山河在城春草木深感時花濺淚㉚
何處江山非我愁
新蒲細柳曲江苑　　細柳新蒲爲誰綠㉛
玉露青楓夔子州　　玉露凋傷楓樹林㉜
青袍一上萬里船
洞庭如天波始秋
無邊楚色七百里　　無邊落木蕭蕭下
自古高樓湖上浮　　乾坤日夜浮
秋聲徙倚落木天　　無邊落木蕭蕭下㉝

眼力初窮青草洲
風煙非不滿目來
不幸東南漂泊游　　漂泊西南天地間㉞
中原幾處戰鼓多
臣甫先爲天下憂
青山白水寡婦哭　　白水暮東流青山猶哭聲㉟
苜蓿蒲萄胡騎啾　　一縣蒲萄熟秋山苜蓿多㊱
開元花鳥鎖繡嶺
泣聽江南紅豆謳
西垣梧竹舊拾遺
楚户霜砧餘白頭
蕭蕭孤棹犯百蠻
百年生涯三峽舟　　三峽呈河影動搖㊲
風塵弟妹淚欲枯　　弟妹蕭條各何在㊳弟姪何傷淚如雨㊴
湖海親朋書不投　　親朋無一字㊵
如萍天地此樓高

亂代登臨悲楚囚　萬方多難此登臨㊶
西京萬事奕棋場　聞道長安似奕棋㊷
北望黃屋平安不　中原消息斷黃屋今安否㊸
巴陵春酒不成醉
錦囊無心風物收
朝宗江漢此何地
等閒瀟湘樓下流
蛟龍在水虎在山　長淮浪高蛟龍怒
青瑣朝班年幾周　幾回青瑣點朝班㊹
君山元氣莽蒼邊
一簾斜陽不滿鉤
三聲楚猿喚愁生　聽猿實下三聲淚㊺
眼穿京華倚斗牛　每依北斗望京華㊻

在這四十四句的長篇巨製中，有半數的句子是由杜詩轉化而來，而且不見斧鑿之痕，至爲可貴。

此外，成俔仿少陵乾元中寓居同谷縣作歌七首而成之七歌，亦仿作中之姣姣者。杜甫七歌，除文天祥曾仿作外，在我國未聞再有其他人仿作。不料韓人竟有此魄力，殊爲難得。謹將成俔之仿作抄錄如下：

七歌㊼

有家有家南山陲，山前溪水流逶迤。
長安三月春熙熙，滿城桃李啼黃鸝。
未頭酒甕清而釃，城西佳會終參差。
客路不見花離離，及至歸家花已衰。
嗚呼一歌兮歌正悲，虛擲九十芳菲時。
君門如天浮半空，太平日月開重瞳。
百僚環珮播玲瓏，沙堤珂馬飛塵紅。
鑾坡學士雲從龍，我今遠隔經帷中。
五雲渺渺天之東，側身不見蓬萊宮。
嗚呼二歌兮心無窮，虞庭何日歌淳風。
有兄有兄我所敬，孝友慈仁出天性。
夜夜聯床同嘯詠，朝朝步屧問温清。
荒山今日風雨冷，誰家荊樹媚晴景。
鴻鷹孤飛度雲嶺，鵪鴒哀鳴翩獨影。

嗚呼三歌兮歌思永，愁來無語劇含梗。
有子有子婉清揚，總髮翩翩垂兩傍。
大兒讀書不下床，小兒騎竹趨康莊。
最後一男新弄璋，三人相隨鷹聯行。
夢汝遠在天一方，思汝不見空斷腸。
嗚呼四歌兮歌慨慷，胡沙獵獵穿衣裳。
有書有書在茅屋，排廂貯篋多所蓄。
雖無惠子五車幅，亦有鄴膚三萬軸。
朝搜夕閱尋簡牘，糠粃猶能潤枯腹。
如今棄置無人曝，野馬來遊鼠相逐。
嗚呼五歌兮歌已拍，苦吟半鼠頭上幘。
有琴有琴三尺餘，鸞頭鳳尾裝金搮。
一彈清風來徐徐，再彈行雲爲躊躇。
有時明月當碧虛，左授右撫開襟裾。
如今寥落倚空廬，蛛絲滿面無人梳。
嗚呼六歌兮歌唏噓，安按攜來送居諸。

我行我行何太苦，瘦馬凌兢困泥土。
頑風捲地商羊舞，山氣濛濛釀雲雨。
荒山三日無所寓，萬類顛倒錯昏午。
去住艱關天不佑，未滅豐隆爲誰怒。
嗚呼七歌兮已成譜，蒼茫獨立寒滸。

成倪七歌，雖不及少陵原作遠甚，但因歷來仿作者少，所以也彌足珍貴。文天祥仿作的七歌，已亡失一首，今僅得六歌。

所謂整篇摹擬杜詩者，大抵可分爲全篇句法、詞彙等之摹擬，或一篇作法全自杜出等兩類，前者以宋代詞人最爲當行，其時詞人，隱括杜詩入詞，似成風氣。如林正大之一叢花：

知章騎馬似乘船，落井眼花圓。汝陽三斗朝天去，左丞相鯨吸長川。瀟灑宗之，皎如玉樹，舉杯望青天。長齋蘇晉愛逃禪，李白富百篇。三杯草聖傳張旭，更焦遂五斗驚筵。一笑相逢，銜杯樂聖，同是飲中仙。

此詞全以少陵飲中八仙歌爲內容，將少陵詩句稍作變化，無論內容、詞句，皆自飲中八仙歌來。林正大尚有酹江月、水調歌、滿江紅及聲聲慢等，均係括杜詩以入詞之作。又如將捷之賀新郎：

絕代幽人獨，掩芳姿。深居何處，亂雲深谷。自說關中良家子。零落聊依草木。世喪敗，誰收骨肉。輕薄兒郎爲夫婿，愛新人窈窕如玉。千萬事，風前燭，鴛鴦一旦成孤宿。最堪憐，新人歡笑，舊人哀哭。侍婢賣珠回來後，相與牽蘿補屋。漫採得，柏枝盈掬。日暮山中天寒也，翠綃衣薄甚。肌生粟。空斂袖，倚修竹。

此顯然隱括杜甫佳人詩以入詞。又如張炎之南鄉子杜陵醉歸手卷等皆屬之。至於全篇作法襲杜者，如韓愈之石鼓歌，全仰少陵之李潮八分小篆歌㊽，其南山亦隱然襲自杜之北征㊾，而井詩更是明顯的襲自少陵之江南逢李龜年㊿。東坡之登常山絶頂廣麗亭詩，亦顯然襲自子美之與諸公登慈恩寺塔㉛。黃魯直之飲酒九首之八，其體效少陵飲中八仙歌甚明㉜。陳后山之寄外舅郭大夫，更是全篇神似少陵者㉝。王荆公畫虎行、全用少陵畫鶻行之體㉞。學杜至此，眞可謂登堂入室矣。

韓人全篇仿杜之作品，以詞彙、句法之摹擬居多，而全篇作法之摹襲者較少。權韠之切切何切切；李翔之催租吏；丁若鏞之三吏三別，既襲作法亦擬詞彙、句法。至於申光洙之登岳陽樓歎關山戎馬，成俔之仿作七歌等。則屬詞彙、句法之摹擬。

七　有直抄杜句以入詩者

△李允甫歸正寺壁題詩云：

晨鐘雲外濕，午梵日邊乾。

「晨鐘雲外濕」句，本是杜少陵船下夔州郭宿雨濕不得上岸別王二十判官詩中的一句，杜詩云：

船下夔州郭宿雨濕不得上岸別王二十判官

依沙宿舸船，石瀨月娟娟。
風起春燈亂，江鳴夜雨懸。
晨鐘雲外濕，勝地石堂煙。
柔艣輕鷗外，含情覺汝賢。

李允甫詩「晨鐘雲外濕」，襲於杜詩第五句。

△盧守愼人日詩㊺云：

未有不陰時，其惟杜子知。

「未有不陰時」句，本於少陵人日二首之一：

人日二首

元日到人日，未有不陰時。
冰雪鶯難至，春寒花較遲。
雲隨白水落，風振紫山悲。
蓬鬢稀疏久，無勞比素絲。

盧守愼「未有不陰時」句，直取杜甫人日二首第二句。

△申緯余一生詩盟，在由蘇入杜、而尹竹史既望無月之什與余詩盟不謀而同，可喜其詩盟之又與我敦也。爲用原韻答之㊻云：

堪嗤稷契耽佳句，語不驚人死不休。

下句直取少陵江上值水如海勢聊短述中之二句；上句則襲杜甫同一詩之第一句：

江上值水如海勢聊短述

爲人性僻耽佳句，語不驚人死不休。
老去詩篇渾漫興，春來花鳥莫深愁。
新添水檻供垂釣，故著浮槎替入舟。
焉得思如陶謝手，令渠述作與同遊。

△白文寶杏村李侍中喦挽詞㊼云：

清新庾開府，終始郭汾陽。
偶會還如作，投壺意自長。

其中「清新庾開府」句，係用少陵春日憶李白詩句：

春日憶李白

白也詩無敵，飄然思不群。
清新庾開府，俊逸鮑參軍。
渭北春天樹，江東日暮雲。
何時一樽酒，重與細論文。

白詩「清新庾開府」，顯然直取少陵春日憶李白之第三句。

點化古人詩句入詩，山谷名之爲脱胎换骨，江西諸人視爲不傳之密，實出「巧取」。然山谷之前，唐人已多用之，特無「脱胎换骨」之名而已，山谷實係由唐人詩中悟出。但逕取古人句以入詩，何止「巧取」，直可謂之「豪奪」矣。宋人作中亦每每有之，且不乏名輩大家，而用杜句者尤多，此亦自唐人作中悟出者也。

白樂天詩，巧取豪奪，無不用其極。其詩脱胎自前人者多矣。而逕用少陵句，亦不在少，如少陵詩有「甲第紛紛厭粱肉，廣文先生飯不足」（醉時歌），樂天亦有詩云「靖節先生尊常空，廣文先生飯不足」，前句「巧取」，後句「豪奪」。少陵詩有「眼前無俗物，多病也身輕」（漫成二首之一），樂天有詩云「眼前無俗物，身外即僧居」。又少陵曲江二首之二云「酒債尋常行處有，人生七十古來稀」，樂天詩云：「舊語相傳聊自慰，世間七十古來稀」，凡此種種，不知凡幾。

樂天之工於巧取豪奪，已見前述。宋人之工於學樣，亦係衆所週知，如山谷之題韋偃畫馬詩，即逕用少陵丹青引詩中的「一洗萬古凡馬空」句。郭祥正的青山集卷五有南雄除夜讀老杜集至歲云暮矣多北風句感時撫事命題爲篇一詩，即以杜之「歲云暮矣多北風」（歲晏行）、「牙齒半落左耳聾」（復陰）等句入詩。張垓之雲間閣，亦逕取少陵「清江一曲抱村流」（江村）爲首句。載復古之石屏詩集卷一所載杜甫祠，亦逕用杜甫名句「致君堯舜上」。似此等例，自宋以下，幾難盡書。

以上諸人，固皆逕取杜句入詩，但僅取一、二句，然東坡則竟將少陵屏跡詩，完全據爲己有。東坡題跋卷二記其事云：

「用拙存吾道，幽居近物情。桑麻深雨露，燕雀半生成。村鼓時時急，漁舟箇箇輕。杖藜從白首，心跡喜雙清」。「晚起家何事，無營地轉幽。竹光團野色，山影漾江流。廢學從兒懶，長貧任婦愁。百年渾得醉，一月不梳頭。」子瞻云：「此東坡居士之詩也。」或者曰：「此杜子美屛跡詩也，居士安得竊之？」居士曰：「夫禾麻穀麥，起於神農后稷，今家有倉廩，不予而取輒爲盜，被盜者爲失主，若必從其初，則農稷之物也。今考其詩，字字皆居士實錄，是則居士詩也，子美安得禁吾有哉！」

以東坡之大材，何患不能成詩？何以必取少陵之作以爲己詩？一則固可見出東坡之好爲辭辯，再則實出於對杜詩之傾心，居然「字字皆居士實錄」，所以不惜公然「巧取豪奪」。可見後人對杜詩愛好之程度。

我國詩人尚且不避以杜句入詩，則韓人之逕用杜句，自亦理所當然。只見對杜詩之愛好，中、韓皆然。

八　有和杜詩韻者

和韻之作，唐以前即有。到了唐朝，和韻之風更盛。和韻並不限於同時候的人，即使相差幾百年，只要對前人作品有所仰慕，隨時都可以「和」。東坡喜歡陶淵明，所以把陶淵明的作品都和遍了。東坡集中，到今仍有和陶詩一卷。可見和前人之作，乃係表示對前人作品之欽佩、仰慕。自高麗中末期起，即有許多詩人有和杜韻之作，如：

△李奎報草堂端居和子美新賃草屋韻㊿

杜門無客到，煮茗與僧期。
荷耒且學圃，歸田當有時。
貧甘老去早，閒厭日斜遲。
漸欲成衰病，疏慵不啻茲。

少陵有暮春題瀼西新賃草屋五首，其中第一首云：

久嗟三峽客，再與暮春期。
百舌欲無語，繁花能幾時。
谷虛雲氣薄，波亂日華遲。
戰伐何由定，哀傷不在茲。

李奎報詩題係和少陵新賃草屋五首中之第一首。李奎報另有辛酉五月草堂端居無事掃地之暇讀杜詩成都草堂詩韻書閒適之樂五首，此詩實係和少陵將赴成都草堂先寄嚴鄭公五首韻。詩繁不再贅引。

△李穀人日讀杜詩仍用其韻59：

元日至人日，兒童數歲時。

一年行又減，百歲豈云遲。
事業南柯夢，英雄上蔡悲。
何當問花柳，信馬雨絲絲。

少陵人日二首之一云：

元日到人日，未有不陰時。
冰雪鶯難飛，春寒花較遲。
雪隨白水落，風振紫山悲。
蓬鬢稀疏久，無勞比素絲。

李穀詩和少陵人日詩韻腳相同，自是和韻。

△韓脩夜坐次杜工部詩韻⑥⓪：

此日亦云暮，百年真可悲。
心爲形所役，老與病相隨。
篆冷香殘夜，窗明月上時。
有懷無與語，聊和古人詩。

此詩題目係次杜工部詩韻，次那一首不得而知。

△金宗直春塘用工部韻賀雨次韻二首之一⑥①：

甘雨脩脩至，嘉禾繹繹生。
田原俱豫色，燕雀亦和聲。
蝶欲穿階迸，花猶翳葉明。
開樽看物理，清興付詩城。

少陵春夜喜雨詩云：

好雨知時節，當春乃發生。
隨風潛入夜，潤物細無聲。
野徑雲俱黑，江船火獨明。
曉看紅濕處，花重錦官城。

金宗直詩與少陵春夜喜雨詩韻腳相同，自是和韻。

△崔岦九日次杜韻詩㉜：

登高地選海天寬，見説居人一日歡。
病客未宜供是事，黃花今復上吾冠。
斜風起浦潮聲壯，落日啣山雁影寒。
爭席屬杯那可厭，也須留待明輪看。

金允植求禮黃梅泉玹進士見訪適值重陽登後峰次老杜九日藍田崔氏莊韻㉝：

窮窕巖扃一席寬，黃花白酒爲君歡。
貧廚堪愧投陳轄，晟世誰憐老楚冠。
荒逕侵田蛩語亂，晴雲渡海雁程寒。
紛紛人事休相問，只有青山不厭看。

崔、金二人皆和少陵九日藍田崔氏莊詩：

老去悲秋強自寬，興來今日盡君歡。
羞將短髮還吹帽，笑倩旁人爲正冠。
藍水遠從千澗落，玉山高並兩峰寒。
明年此日知誰健，醉把茱萸仔細看。

崔、金二詩與少陵九日詩韻腳相同，詩題亦云次杜韻，是知爲和韻詩也。

△金尚憲次秋興八首之三⑭：

日斜虫網閃暉暉，深坐翛然萬念微。
籬菊最憐迎節笑，塞鴻堪羨向陽飛。
丹心許國時難會，白首歸田計易違。
遙想故山同社日，家家酒熟又雞肥。

又張維有次杜陵秋興八首⑮，茲錄其第二首：

殘年爲客淚橫斜，短褐蕭蕭鬢有華。
滿地江湖長泛梗，幾時河漢可乘槎。
巡遊已遍周王轍，喪亂多傳蔡女笳。
杜曲終南消息斷，三巴再見綻霜花。

又金昌翕有秋興八首用杜韻[66]茲錄其第二首：

老樹柴門日欲斜，鳴騾入谷自知家。
漁樵瀼上迎真友，兒女籬間認老爺。
數畝收功惟短黍，一軀觀化似枯槎。
東鄰酒及重陽熟，未擬持觴就菊花。

又丁若鏞有秋興八首次杜韻[67]茲錄其第二首：

西獄黃雲起暮鴉，度溪寒雨定飛沙。
陰霏疊嶂迷孤樹，煙火重城冷萬家。
縋屋老爪餘敗蔓，緣階弱蘚洗園花。
當窗獨醉憑誰解，金鴨銷時點晚茶。

韓人和少陵秋興八首者頗多。但八首爲近體聯章詩中之大篇巨製，非有大材者不能作，和韻亦然。此處所引四首和作，僅前兩首合韻，後二首之題目雖明確指出爲和少陵秋興八首，但實際上，並不完全合於少陵原韻。

以上僅略舉數例，其實韓詩人和少陵韻之作爲數頗不少，如崔岦集中次杜韻達二十五首⑥⑧，權亦有次秦州雜詩十五首，丁若鏞與猶堂全書中，和杜韻者至少在五十首以上。凡此種種，都說明韓人對杜詩，具有高度的興趣與崇敬。

古人以詩相唱和，其來有自。贈答之作，始於漢世，蘇、李首唱。秦嘉有贈婦詩多首，其妻徐淑有答秦嘉詩。曹植有贈白馬王彪詩，楚王曹彪有答東阿王詩。爾後贈答日繁，此等贈答，頗類於後人之和詩。但古人答詩，必與贈詩內容有關，初與詩韻無涉。晉初王羲之有蘭亭詩二首，而同時名輩如孫綽、謝安、謝萬、孫統、孫嗣、郗雲、庾友、庾蘊、王玄之、王凝之、王肅之、王徽之、王渙之、王彬之、王蘊之、王豐之……等，均有蘭亭詩之作，俱收錄於先秦漢魏晉南北朝詩中。羲之蘭亭集序爲千古名作，頗記當雅集事，前舉諸人之參與修契盛會，亦可想見。與會者以羲之爲首，羲之有蘭亭詩之作，衆人於是迭相唱和，是以各人均有蘭亭詩，然皆以蘭亭詩爲名，而未見有「和」羲之蘭亭詩者。足見其時已有唱和之風氣，然尚未有「和」詩之名。

就今所見，最早以「和」爲名者，始於劉程之、王喬之及張野諸人，此三人均有奉和慧遠遊廬山詩，俱收錄於先秦漢魏晉南北朝詩中。慧遠不知何許人也，亦未見有慧遠遊廬山詩，該詩顯然已失傳。劉程之與周續之、陶淵明同時，並號「尋陽三隱」。淵明集中有和劉柴桑詩、和郭主簿詩二首、歲暮和張常侍詩、和胡西曹示顧賊曹詩等。劉程之曾爲柴桑令，是知陶之和劉柴桑詩，實係和劉程之。由以上資料，不僅可看出陶淵明、劉程之等人頗有唱和，而且「和」詩之名，亦起於此時。然此時和詩，亦僅和意而未見和韻；大抵至盛唐時，和詩仍只和意而不和韻。如盛唐時賈至有早朝大明宮呈兩省僚友詩，其時王維、岑參、杜甫皆有「和賈至舍人早朝大明宮」詩，然賈詩押陽韻，岑詩押寒韻，王詩押尤韻，而杜詩押豪韻，俱皆和意而未和韻。和韻之作，或始於中唐元稹、白居易等人。唯當時所和之韻，亦僅同一韻目而已，不必亦步亦趨，同一韻字也。如白居易有曲江感秋，元稹有和樂天曲江感秋，兩詩同押支韻，但韻腳並不完全相同。二人和詩頗多，然未必皆和韻也。逮及晚唐皮日休、陸龜蒙輩，和韻之風始盛。是知和詩之發展，源於漢、魏之贈答，及晉人之同題，始於陶、劉之和意，發展於盛、中唐之和題，而極盛於晚唐及宋人之和韻。此和詩發展之大概也。

韓人和杜諸作，始於李奎報，奎報（一一六八九——一二四一）爲韓國李朝明宗時人，約當宋光宗、寧宗時，其時所謂和詩，乃專務於和韻一途。是以韓人和杜諸作，俱多和韻而未必和意也。

九　韓國本土文學所受杜詩之影響

所謂韓國本土文學，是指用韓國的文法，借若干中文詞彙以表記韓國話，而寫成的，表面是中文，骨子裡頭是韓文的混血產物。如：

明乃作兜率歌，賦之。其詞曰：「今日此矣散花唱良巴寶白乎隱花良汝隱直等隱心音矣命比使以惡只，彌勒座主陪立羅良。

解曰：龍樓此日散花歌，挑送青雲一片花。殷重直心之所使，遠邀兜率大遷家。⑲

以上這段兜率歌，假如沒有「解」，我們根本不可能看得懂。這些歌，有時會用上幾個成語或前人詩句。如：

△……人生不得更少年……人間七十古來稀……（白髮歌）

像這首白髮歌，就用了杜甫曲江裡頭的句子「人生七十古來稀」，只不過把「人生」改為「人間」而已。

△京華繁華……朱門酒肉……石田茅屋……（花田別曲）

「朱門酒肉臭，路有凍死骨」是杜甫的名句，這首花田別曲顯然是襲用了杜詩。

△白玉……江河……明德新民……稷契千　陶……致君堯舜……（嶺南歌）

「致君堯舜上，再使風俗淳」，是杜甫一往直前的職念，這首嶺南歌顯然也用了杜詩。

△春香傳是韓國的紅樓夢，在韓國是一本家喻戶曉的小說。裡頭就用到了杜甫詠懷古跡五首中的詠王昭君：「畫圖省識春風面，環珮空歸月夜魂。」

△寡鶴誤響鄭虔……一幅生綃……曹將軍……丹青態……意匠慘澹經營……劉少府……山水障……元氣淋漓揮灑……三味造化流動……七分摹狀傳神……（玉樓宴歌）

幾乎整首詩都是杜詩的化身。

△尹善道的夢天謠三章，也隱含著杜甫的影子：

夢耶真邪！一上玉京閶闔門，玉皇青眼群仙猜。已矣乎，五湖煙月閒徘徊。野人化蝴蝶，翩翩飛入十二樓。玉皇含笑群仙尤，呼嗟呼，萬億蒼生問何由？九重天有缺時，補綴用何謨，白玉樓重修日，何工成就乎？欲問玉皇無暇問，歸來空一吁。⑦⓪

尤其是在夢天謠三章後題，尹善道有明確的自白：

魏詩曰：「園有桃，其實之殽，心之憂矣，我歌且謠，不知我者，謂我士也驕，彼人是哉，子曰何其，心之憂矣，其誰知之，蓋亦勿思」，杜子美詩曰：「取笑同學翁，浩歌彌激烈，非無江海志，瀟灑送日月，生逢堯舜君，不忍便永訣」，夫我咨嗟詠歎之餘，不覺其發於聲而長言之。豈無同學，唖唖之譏。「子曰何其，言之誚也，然而自不能己者，是誠所謂：我思古人，實獲我心者也」，壬辰五月初十日，芙蓉釣叟病滯孤山識。

顯然尹善道也是抱持著一如杜甫般「致君堯舜上，再使風俗淳」的職志。

△李朝初期流行之歌謠橫殺門⑦①云：

錦城絲管日紛紛，半入江風半入雲。

此曲祇應天上有，人間那得幾回聞。

其實就是杜甫的贈花卿詩，一字不改。

△雜歌江湖曲：

……隔岸前村三兩家，返照入江翻石壁……。

「返照入江翻石壁」，直取少陵句以入詩。

△雜歌中清歌：

……無邊落木蕭蕭下，不盡長江滾滾來……。

直取少陵登高句。

△雜歌孤獨歌：

……三年笛裡關山月，萬國兵前草木風……。

直取少陵洗兵馬句。

其他例子尚多，不再贅舉。

十　引杜詩以抒己懷

對古代的中國人來說，論語和詩經應該是最熟悉的兩部經典了。所以中國古代讀書人，開口詩云，閉口子曰。原因是對這兩部經典太熟了，熟到可以隨口引用。韓國讀書人對杜詩，也熟到了幾乎隨口引用的程度。下面幾則例子，頗有助於說明這個事實：

△熱河日記裡面，記了一段朴趾源和鵠汀的對話：

先生所謂得兼程朱學問云云者，乃是設辭。這個設辭，真令千古志士多少悵恨，余曰：「何以多少悵恨？」鵠汀曰：「出師未捷身先死，長使英雄淚滿襟。」這是多少悵恨？⑫兩人對話，所談原本和杜詩無關，但竟而突然引出杜詩，不但令朴趾源無辭以對，也讓我們大感意外。如果不是平日熟讀杜詩，恐怕不容易隨口引出。

△尹善道夢謠三章後序：

魏詩曰：「園有桃，其實之殽」，心之憂矣，我歌且謠。不知我者，謂我士也驕。「彼人是哉，子曰何其，心之憂矣，其誰知之，其誰知之」，蓋亦勿思。杜子美曰：「取笑同學翁，浩歌彌激烈，非無江海志，瀟灑送日月，生逢堯舜世，不忍便永訣。」夫我咨嗟詠歎之餘，不覺其發於聲而長言之。豈無同學，啞啞之譏。子曰何其，言之誚也，然而自不能己者，是誠所謂「我思古人，實獲我心」者也⑬。

這一段話，既引詩經，又引杜詩，反覆言之。原因在於「我思古人，實獲我心」。是杜詩之深入人心可知。

△李滉與鄭子精書⑭云：

古之能詩者，千鍛百鍊，非至恰好，不可輕以示人。故曰：「語不驚人死不休」，此間有無限語言。

退溪是韓國大理學家，也是位大詩人。有「東方杜少陵」及「東方朱熹」之稱。他在和鄭子精論詩時，不知不覺就想到杜甫的名句「語不驚人死不休」（江上勢水如海勢聊短述）。似乎從這句詩裡，體會出無盡的深意。

辛酉三月晦，先生步出溪南齋，率李福弘、德弘等往陶山，憩冢頂松下，時山花盛開，煙林明媚，先生詠杜詩「盤渦鷺浴底心性，獨樹花發自分明」之句。弘德問此意如何？曰：爲己君子無所爲而然者，暗合於此意思。

按「鷺渦鷺浴底心性，獨樹花發自分明」爲少陵七律愁詩之頷聯。退溪於山花盛開、煙林明媚之春光往陶山，然此時心緒必極度煩亂，遂不覺吟出盤渦等句。可見退溪對杜詩之精熟。此則見於退溪言行錄卷三，類此之例頗多，不勝枚舉。

△宋時烈與孝宗疏㊄云：

殿下既徽示以大志，臣友李惟泰嘗言：「聖上果有大志，則雖無才智者，亦且奮起，以備石壕婦農炊之役可也。」云云，故臣雖甚庸下，敢膺召旨而來爾。

石壕婦農炊之役，係指杜少陵石壕吏一詩中所云：

老嫗力雖衰，請從吏夜歸。

急應河陽役，猶得備晨炊。

老嫗本力衰不能赴役，所以仍請從吏夜歸者，或可盡一己之力，爲戰士備晨炊也。意謂我雖才拙，所以仍追隨備殿下者，或可盡一己之力，以備殿下驅遣也。李惟泰和宋時列隨口應對之間，竟然能引杜詩述志。自然是一位杜詩的崇拜者。

韓人證事抒懷，每引杜詩，已如前述。細按其所以然者，一則固係由於杜詩內容頗爲廣泛，日常生活，每入吟詠，是以殊不乏可資引證者。再則蓋由於杜詩已深入人心，引杜詩爲證，自有相當程度之說服力。三則頗能展現一己之學力。是以韓人每每引證杜詩。我國詩人亦往往如此。如宋人王敦禮向黃庭堅求墨寶，山谷遲遲未書，因引杜詩寄敦禮，以說明其遲遲未書的理由。豫章黃先生簡尺卷下載其事云：

三軸文字，得暇當寫。杜子美云：「十日畫一水，五日畫一石，能事不受相蹙迫，王宰始肯留真跡」。

山谷所引，係少陵戲題王宰畫山水圖歌。王宰善畫山水，欲使王宰留下眞跡，必須「不受相蹙迫」，敦禮欲得山谷眞跡，亦不可使山谷感受「蹙迫」。山谷所引杜詩，亦正足以說明山谷自身之立場。又宋人沈立海棠譜卷上之海棠記有云：

酉陽雜俎云：唐贊皇李德裕嘗言：「花名中之帶海者，悉從海外來。」故知海椶、海柳、海石榴、海木瓜之類，俱無聞於記述，豈以多爲稱耶？又非多也，誠恐近代得之於海外耳。又杜子美海椶行云：「欲栽北辰不可得，惟有西域胡僧識。」若然，則贊皇之言不誣矣。

李德裕爲唐人，與少陵相去不甚遠，沈立乃引少陵詩以證德裕之言，似殊可信。又宋人晁沖之欲向江子我索取梅花苗，因以少陵自況。其次韻江子我蠟梅二首之二云：

江城仍似錦城無，半額輕黃笑越姝，我亦少花如杜老，舍南爲乞兩三株。

少陵於成都營草堂，每多仰仗友人接濟，連庭院的花草樹木，亦多得自友儕所贈，甚或係少陵主動索討。如蕭八明府實處覓桃栽、從韋二明府續處覓綿竹、憑何十一少府邕覓榿木栽、憑韋少府班覓松樹子栽、詣徐卿覓果栽等，都是少陵主動以詩向友人索討樹秧。主動向人索討，總覺得不太好意思，於是乃引杜詩以壯膽，則其索討亦殊「理直氣壯」矣。

以上皆我國詩人引杜詩以抒懷證事者，唯類似之例，舉不勝舉。韓人好杜，亦引之以抒懷證事，自屬理之必然者也。

十一　有集杜句以成詩者

除了前面提到的各點，足以讓我們感覺到，杜詩確實深入韓國歷代的人心。尤其是在韓國歷代的詩壇，更容易讓我們體會到這個事實。甚至有些韓國詩人，將杜詩重新排列，以組合出一首新的詩歌。如：

△高敬命集杜詩⑯：

不見李生久，涼風起天末。
交遊颯向盡，寄書長不達。

這首詩在杜詩當中原本分屬四首詩，依序分別屬於不見，天末懷李白，月夜憶舍弟，湘江宴餞裴二端公赴道州。

又集杜詩⑦⑦：

方丈三韓外，因人作遠遊。

扁舟從此去，東盡白雲求。

這首集句詩稍有問題，一、二、四句分別屬於奉贈太常張卿均二十韻，秦州雜詩二十首之一，第五弟豐獨在江左近三四載寂無消息覓寄此二首之二。但第三句並非杜詩。恐係高敬命一時誤記。

此外尚有集杜句寄李伯春按使。凡八首，茲錄二首如后：

一

李候金閨彥　疇昔論詩早

翦拂念途窮　心胸已傾倒

首句出自贈李白，二、三句出於遣悶奉呈嚴公二十韻，四句則出於奉贈射洪李四丈。

二

齒髮已自料　長卿久病渴

途窮仗友生　聖朝無棄物

首句出於詠懷三首之一，二句出於奉送魏六丈佑少府之交廣，三句出於客夜、四句則出自客亭。

又尹善道孤山遺稿卷一亦有集杜之作：

寄李明遠集古 丁未

李白騎鯨飛上天　一落人間知幾年
自少軒輊非常儔　皎如玉樹臨風前
多生綺語磨不盡　頃刻青紅浮海蜃
風流肯落他人後　平生流輩徒蠢蠢
向來好處今遺恨　閉戶讀書真得計
竹簡雲披詠聖涯　誰擲靈芬占甲第
春秋三傳束高閣　孝經一通看在手
黃卷青燈興味長　人家不必論貧富
念昔塵埃兩相逢　於我見子真顏色
斥鷃區區笑此生　長松百尺不自覺
人生會合不可常　感時撫事增惋傷
別來紅葉黃花秋　吳雲楚水愁茫茫
此日登樓看北鴈　離魂不散煙郊樹

數村殘照半山陰　一聲長笛江天暮
思君携手安能得　行樂十分無一分
長風吹月渡海來　忽到窗前疑是君

此詩凡三十二句，全爲集古人之句而成，其中集杜句者有：

皎如玉樹臨風前（飲中八仙）
平生流輩徒蠢蠢（魏將軍歌）
孝經一通看在手（可歎）
於我見子真顏色（閿鄉姜七少府設鱠戲贈長歌）
人生會合不可常（湖城東遇孟雲卿復歸劉顥宅宿宴飲散因爲醉歌）
感時撫事增惋傷（觀公孫大娘弟子舞劍器行）

孤山遺稿中另尚有集古寄伴琴甲申，凡四十二句，其中有五句⑱亦出自杜詩。

又金堉潛谷先生遺稿⑲云：

丙子歲，余奉使北京，臥病經冬，見文山集杜二百首，皆奇絶襯著，若子美爲文山而作也，余亦試爲之，不雜他詩，專集杜爲絶句，謂之文山體。前後并二百餘首，長編短律，間或爲之，雖未知襯著與否，而可免人之致疑，如林崔也。

集句竟達二百餘首，也眞夠可觀了。不過，集得越多，越近文字遊戲。

此外林惟正亦有五言集杜詩十一首，七言集杜詩二十六首，文繁不復贅引。⑻可見好集杜句者，還頗不乏人。這類集古之作雖無甚才分可言，但亦足見韓人讀詩之勤，隨口引出，即可連輟成篇。

集句詩於我國起源甚早。晉人傅咸作中即有孝經詩、論語詩、毛詩詩、周易詩、周官詩及左傳詩，俱收錄於先秦漢魏晉南北朝詩中，皆集該等書中語以成篇，實爲最早之集句詩，只是尚無集句之名耳。茲錄其論語詩一首於後：

克己復禮！學優則仕，富貴在天，爲仁由己，以道事君，死而後已。

皆删削論語以成句。唐人似不甚集句。全唐詩中，甚少見有集句之作。然宋人之集句詩，則殊不在少。而以王荆公之集句爲尤著。沈括夢溪筆談記其事云：

古人詩有「風定花猶落」之句，以爲無人能對，王荆公以對「鳥鳴山更幽」。「鳥鳴山更幽」本宋王籍詩，原對爲「蟬噪林逾靜，鳥鳴山更幽」，上下句只是一意。「風定花猶落，鳥鳴山更幽」，則上句乃靜中有動，下句動中有靜。荆公始爲集句詩，多者至百韻，皆集合前人之句，語意對偶，往往親切過於本詩，後人稍稍有效而爲之者。

可見荆公之前，似無甚集句。沈括甚至明言「荆公始爲集句詩」。考荆公集中，集句之作，果不在少，荆公之後，詩人作中每多集句。此類集句，固係詩人對前賢諸作「於我心有戚戚焉」，乃適用其句。偶一爲之，亦頗可借他人詩句，澆自己塊壘。但數量一多，就未免近乎遊戲。所以東坡極力貶抑集句詩，以鴻　家雞比之。如：

次韻孔毅父集古人句見贈五首（錄一）

羡君戲集他人詩，指呼市人如小兒。
天邊鴻鵠不易得，便令作對隨家雞。
退之驚笑子美泣，問君久假何時歸。
世間好句世人共，明月自滿千家墀。

以東坡之大材，自不屑爲此等之遊戲，所以有鴻鵠家雞之譏。但似未能阻止此種風氣。至清人施端教，甚至有幾千首集句詩。王世貞的池北偶談引黃震之語說：「荆公集句諸作，其巧其博，皆不可及。近代頗有之，然無如泗上施端教，平生集句數千首，屬對精切，縱橫曲折，無不如意。」集句集到數千首，還能屬對精切，無不如意，眞是匪尹所思了。

這些集句之作，有於一首詩中集多人之句而成者，也有專集一人之句而成詩者。如：

愁吟集句　趙汝騰

江山九秋後（杜牧）
與在一杯中（李白）
竹送清溪月（杜甫）
煙回礫徑風（周繇）

地深新事少（周賀）
木落舊枝空（李洞）
身外唯須醉（司空曙）
愁吟獨老翁（杜甫）

此詩共八句，但卻集了七位詩人的句子。也有專集一人詩句的。如明人唐寅年少集李商隱句：

年少因何有旅愁（送崔珏往西川）
江間亭下悵淹留（即日）
河鮫縱翫難爲室（題新創河亭）
海燕參差溝水流（與同年李定吉曲水閒話）

這是專集李商隱一人的詩句。這兩種集句，王荊公以後，亦時有所見。而集杜之作尤多。最著名的當然首推文天祥的集杜詩二百首。他如宋人類試所的集杜句跋杜詩，亦甚傳誦：

有客有客字子美，日糴太倉五斗米。
錦官城西生事微，盡醉江頭夜不歸。
青山落日江湖白，嗜酒酣歌拓金戟。
語不驚人死不休，萬草千花動凝碧。
稚子敲針作釣鈎，老夫乘興欲東遊。

巡簷索共梅花笑，還如何遜在揚州。
老去詩篇渾漫興，蛺蝶飛來黃鸝語。
往時文采動人主，來如雷霆收震怒。
一夜水高數尺強，濯足洞庭望八荒。
閶闔晴開詄蕩蕩，安得仙人九節杖。
君不見西漢杜陵老，脫身事幽討。
下筆如有神，汝與山東李白好。
儒術於我何有哉，願吹野水添金杯。
焉知餓死填溝壑，如何不飲令人哀。
名垂萬古知何用，萬牛回首丘山重。

楊萬里在江湖集裡提到類試所這首集杜詩時說「類試所戲集杜句跋杜詩，呈監試謝昌國察院云云，嘗傳誦一時。」集句而能傳誦，可見時人亦頗重視，並不一定視爲遊戲之作。

前面提到韓國詩人的集句詩，集多人之句和專集一人之詩都有。如尹善道的寄李明遠集古，是集多人之句，而高敬命的集杜詩，就是專集杜甫一人之詩了。

【附　註】

① 徐居正東文選卷十。
② 東文選卷十五。
③ 東文選卷十。
④ 同註③。
⑤ 徐居正東人詩話卷上。
⑥ 東國李相國集卷十三。
⑦ 石北集卷四。
⑧ 燃藜室記卷十八。
⑨ 牧隱詩稿卷十。
⑩ 東文選卷二十。
⑪ 退溪文集卷二。
⑫ 興猶堂全書卷二十一。
⑬ 東人詩話卷上。
⑭ 同註⑬。
⑮ 石洲集卷二。
⑯ 梅泉詩集卷一。

⑰東文選卷十七。
⑱東文選卷五十。
⑲東文選卷十。
⑳退溪文集卷三。
㉑石洲集卷一。
㉒打愚遺稿卷一。
㉓與猶堂全書卷四。
㉔象村集卷七。
㉕泰齋集卷二。
㉖秋興八首。
㉗將赴荆南寄别李劍州。
㉘歲晏行。
㉙秋興八首。
㉚春望。
㉛哀江頭。
㉜秋興八首。

㉝ 登高。

㉞ 詠懷古跡五首。

㉟ 新安吏。

㊱ 寓目。

㊲ 閣夜。

㊳ 九日五首。

㊴ 曲江三章五句。

㊵ 登岳陽樓。

㊶ 登樓。

㊷ 秋興八首。

㊸ 將通吳楚留別章使君留後兼幕府諸公得柳字。

㊹ 秋興八首。

㊺ 秋興八首。

㊻ 秋興八首。

㊼ 虛白堂集卷四。

㊽ 朱文公校昌黎先生集卷四注引筆墨閒錄：「此歌（韓愈石鼓歌）全仰止杜子美李潮八分小篆歌。」

㊾ 艇齋詩話云：「韓退之南山詩，用杜詩北征詩體也。」

㊿ 王楙野客叢書卷七「韓用杜格」條云：「杜子美逢李龜年詩曰：『岐王宅裡尋常見，崔九堂前幾度開，正是江南好風景，落花時節又逢君』。韓退之井詩曰：『賈誼宅中今始見，葛洪山下昔曾窺，寒泉百尺空看影，正是行人喝死時。』……因知韓詩亦自杜詩中來。」

51 張戒歲寒堂詩話：「杜子美登慈恩寺塔云：『回首叫虞舜，蒼梧雲正愁，惜哉瑶池飲，日晏崑崙秋。』此但言其窮高極遠之趣耳。南及蒼梧，西及崑崙，然而叫虞舜、惜瑶池、不爲無意也。白帝城最高樓云：『扶桑西枝對斷石，弱水東影隨長流。』使後來作者，如何措手？東坡登常山絶頂廣麗亭云：『西望穆陵關，東望瑯琊台，南望九仙山，北望空飛埃，相得叫虞舜，遂欲歸蓬萊。』襲子美已陳之跡，而不逮遠甚。」

52 吳可藏海詩話云：「魯直飲酒九首『公擇醉面桃花紅，焚香默坐日生東。』一絶，其體效工部飲中八仙歌。」

53 魏慶之詩人玉屑云：「趙章泉先生曾云：『學詩者莫不以杜爲師，然能如其師者鮮矣。句式有似之，而篇之全似者絶難得。陳后山寄外舅郭大夫詩，乃全篇之似杜者也。」

54 艇齋詩話云：「東湖言，荆公畫虎行用老杜畫鶻行，奪胎換骨。」

55 蘇齋集卷三。

56 警修堂全稿卷八十一。

57 東文選卷九。

58 東國李相國集卷八。

⑲ 稼亭集卷十八。
⑳ 柳巷集全一卷。
㉑ 佔畢齋集卷七。
㉒ 簡易集卷六。
㉓ 雲養集卷六。
㉔ 淸陰集卷五。
㉕ 谿谷集卷三十一。
㉖ 三淵集卷十二。
㉗ 興猶堂全書卷二。
㉘ 崔岦簡易集卷六有書事次杜水會渡韻、次杜發閬州韻、次杜倚仗韻、次杜愁韻戰效其體、感時次杜獨坐韻、記所見次杜曉發公安韻、漫賦次杜江上值水如海勢韻、次杜撥悶韻、漫賦次杜詠懷古跡韻、即事次杜遣悶韻、九日次杜韻、寄西湖李卓爾次杜懷灞上遊韻、有賦次杜即事韻等，題繁不贅錄。
㉙ 三國遺事卷五載月明師兒率歌。
㉚ 孤山遺稿卷六下、別集。
㉛ 韓人刊刻之杜詩諺解卷十六，贈花卿詩後，附錄橫殺門歌謠。
㉜ 熱河日記鵠汀筆譚。

⑬ 孤山遺稿卷六下、別集。

⑭ 退溪文集卷三十五。

⑮ 宋子大全宋書拾遺卷七。

⑯ 霽峰集卷四。

⑰ 同註⑲。

⑱ 集古寄伴琴所集杜句分別爲①興含滄浪清（同元使君春陵行）②玉盃久寂寞（聽楊氏歌）③更覺良工心獨苦（題李尊師松樹障子歌）④未試囊中飡玉法（去矣行）⑤已佩含景蒼精龍（元都壇歌寄元逸人）

⑲ 潛谷先生遺稿卷二。

⑳ 見東文選五言律詩及七言律詩部分。

第五章 結 論

自中唐以後，社會派的詩歌在詩壇上已漸受到重視。杜甫的傑出表現，元、白的標榜提倡，皮、陸的呼應唱和，都大大的提升了社會詩的地位，原先，杜甫在世之名遠不及李白，但到中晚唐後，在詩壇的排行榜中，杜甫的名聲已節節上升。而且，樊晃還曾經替杜甫編過一本小集，但只蒐集了兩百九十首詩，據推測這時應該還是手抄本，只是地區性的流傳。五代、北宋初，都有杜詩的刊本傳世，不過都並不十分普遍。而且，所蒐錄的詩篇也有限。直到王洙本出現後，杜詩才漸漸普遍起來。所以杜詩傳入韓國，按理說應該在王洙本刊行後才有可能。更何況從韓國現有的文獻來看，要到十二世紀以後，韓國詩壇才開始注意到杜甫。王洙本是十一世紀（一〇三九）刊行的，所以我們推測，杜詩應該是在十一世紀到十二世紀之間傳入韓國的。

杜詩傳入韓國之後，一直到朝鮮末年，杜甫在韓國詩壇始終是受到廣大的韓國詩人所崇拜，歷久不衰。而且韓國歷來對於刊行杜甫詩集，不遺餘力，有些是根據中國本覆刻的，有些是韓國人自行注釋編纂的。總共有十幾種，數量極爲可觀。

由於杜詩在韓國一直保有極高的評價，所以歷來韓國的重要詩人，幾乎没有不讀杜詩的。甚至連小孩和武人都讀，讀杜詩成了一種風氣。於是由讀而學，許多韓國詩人，極熱衷於學習和摹擬杜甫的作品。杜甫確實給韓國詩壇帶來極大的影響。

杜甫對韓國詩壇，固然造成了相當的影響，但杜甫的影響力，不僅限於詩歌層面，甚至擴及到韓人的生活層面了。柳夢寅就曾說過：

夢寅處江湖，閒無事，前年讀左氏，今年誦杜詩，此真臨年者伴也，以此餘殘生，足矣。①

以杜詩作爲殘生伴侶。可見杜詩已深入柳夢寅的心中，讀杜詩已成爲他生活中的一部分了。也有以杜詩來命書齋名的。如：

……取老杜「日月籠中鳥，乾坤水上萍」之句，而命其閣曰「籠水」。没有蓮有魚，傍植松菊雜卉，齋舍芳簷竹檻，飄然在其北，頗有幽居勝賞云爾。②

「日月籠中鳥，乾坤水上萍」是杜甫衡州送李大夫七丈勉赴廣州詩中的句子，其取中的兩字以爲齋名，的確頗有意義。可見這些韓國詩人，他們的日常生活，都在不知不覺中受到杜詩的影響。甚至杜甫的詩題「登岳陽樓」③，及茅屋爲秋風所破歌當中的「安得廣廈千萬間」，都曾經成爲科考的試題。更令人訝異的是：高麗朝忠肅王五年（一三三六），追諡杜甫爲「文貞」④。杜甫在韓國向來有「忠君愛國」的美譽，諡「貞」係理所當然，以杜甫在詩歌上的成就，及他對韓國詩壇的貢獻，諡「文」也是實至名歸。所以忠肅王所賜的諡法「文貞」，眞是再恰當不過了。看到杜甫能揚眉異域，也確實讓我們爲他高興。

【附　註】

①　於于集卷六。

②　洪大容湛軒外集，杭傳尺牘卷三。

③　朝鮮英祖二十二年即以杜甫詩題「登岳陽樓」爲科考之試題。

④　見高麗史忠肅王五年條。

附錄一

韓國杜工部詩話集錦

△「自雅缺風亡，詩人皆推杜子美爲獨步，豈唯立語精硬，刮盡天地菁華而已。雖在一飯，未嘗忘君，毅然忠義之節，根於中而發於外，句句無非稷契口中流出，讀之足以使懦夫有立志，奎瓏其聲，其質玉乎？蓋是也。」（李仁老破閒集卷中）

△歎人有才德而無位，云：「是以自、孔、孟、荀、楊、以至韓、柳、李、杜，雖文章德譽，足以聳動千古，而位不登於卿相矣。」（破閒集卷下）

△「琢句之法，唯少陵獨盡其妙……及至蘇、黃，則使事益精，逸氣橫出，琢句之妙，可以與少陵並駕。」（破閒集卷上）

△僕嘗讀杜子美飲中八仙歌，怳然，若生於天寶間，得與八仙交臂而同遊，爲其時畫工作八仙圖，以與子美之歌相爲表裡，用傳於世者，蓋不少矣……。（李仁老題李佺海東耆老圖後）

△貌古形枯鬢亦霜，此生端合水雲鄉，若無子美編詩史，千古誰知黃四娘。（李仁老題東皋子眞）

△崔滋評員肅公（金仁鏡）上進詩云：「孔子三月無君則皇皇如也。杜子美在寒窘中，句句不忘君

臣之大節，況名爵如公者，雖在閫外，戀戀有愛君之心，固其宜也。」（補閒集卷中）

△評權適之八顛山絶頂樓詩云：「權學士適爲嶺南觀察，題此樓云：『日月東西三面水，乾坤上下一峰樓』，後人讀乾坤上下，不知其句有味，杜子美登樓詩云：『二儀清濁還高下』，上下亦高下，當作乾坤還上下讀之，則其句妙矣，日月東西亦然。」（補閒集卷中）

△評吳世才奉使江南，留題詩云：「奉使江南留題曰：『雲霄茅下纔連茹，原濕蓬間忽斷根』，詩人以爲與杜子美『日月籠中鳥，乾坤水上萍』，其琢句精工相似。或云，此等句格，琢爲五字則絶妙，七言則未工。」（補閒集卷下）

△大同江是西都人送別之渡，江山形勝，天下絶景。鄭舍人知常送人云：「大同江水何時盡，別淚年年添綠波」，當時以爲警策，然杜少陵云：「別淚遥添錦水波」。李太白云：「願結九江波，添成萬行淚」，皆出一模也。（補閒集卷上）

△白雲子吳廷碩遊八顛山詩云「林茂鳥啼深」句，剿落杜子美「隔竹鳥聲深」也。（補閒集卷上）

△陳補闕詩云：「三年旅枕庭闈月，萬里征衣草樹風」，未若草堂「三年笛裡關山水，萬國兵前草木風」，語峭意深。（補閒集卷下）

△李史館允甫歸還寺壁題詩云：「晨鐘雲外濕，午梵日邊乾」，此奪工部「晨鐘雲外濕，勝地石堂煙」句也。（補閒集卷下）

△破閒只載本朝詩，然言詩不及杜，如言儒不及夫子，故編末略及之。凡詩琢鍊如工部，妙則妙

矣，彼手生者，欲琢彌苦，而拙澀愈甚，虛雕肝腎而已，豈若各隨才局，吐出天然，無讋錯之痕？」（補閒集卷下）

△李文順公奎報謂先生（吳大祝世才）爲詩學韓、杜，然其詩不多見（李齊賢、櫟翁稗說）

△杜甫「地偏江動蜀，天遠樹浮秦」，寫景如實……方知此句少陵爲秦蜀傳神，而妙正在阿堵中也。（李齊賢櫟翁稗後集一）

△少陵夔府詠懷「拂雲埋楚氣，朝海蹴吳天」，亦在於目前寫景，意在言外也。（同前後集一）

△獨杜工部兼衆體，而時出之高風絕塵，橫蓋古今……。（李穡乃菴詩集序）

△文章所尚，隨時不同，古今詩人推李杜爲首，然宋初楊大年以杜爲村夫子，酷愛李長吉詩，時人效之。（徐居正東人詩話）

△李侍中藏用詩「萬里唯宜一笑休，蒼蒼在上豈容求，但知吾道如何耳，不用斜陽獨倚樓」，末句深遠有味，杜甫詩曰：「行藏獨依樓」，趙子昂詩曰：「斜陽雖好自生愁」。（徐居正東人詩話）

△古人稱杜甫非特聖於詩，詩皆出於憂國憂民，一飯不忘君之心……，高麗宗宣王被讒，竄西蕃，益齋李文忠公萬里奔問，忠憤藹然。（徐居正東人詩話）

△稼亭牧隱父子，相繼中皇元制科，文章動天下，今二集盛行於世，牧隱之於稼亭，猶子美之於審言。（徐居正東人詩話）

△李文順平生自謂擺落陳腐，自出機杼，如犯古語，死且避之，然有句云「黃稻日肥雞鶩喜，碧梧秋老鳳凰愁」，用少陵「紅豆啄餘鸚鵡粒，碧梧棲老鳳凰枝」之句。……以李高才尚如是，況不及李者乎？」（徐居正東人詩話）

△詩雖細事，然古人作詩，必期傳後，故少陵有「老去新詩誰與傳」之句。又古人謂子美夔州以後詩尤好，蓋愈老愈奇也。」（徐居正東人詩話）

△一韻重押，蘇杜尚然，非但蘇杜，魏晉諸集中多有之，如杜甫八仙歌詩中，重押二船字，又重押二眼字，三押前字，又蘇字瞻送王公著詩，重押二耳字。」（徐居正東人詩話）

△古人詩不厭改，凡詩，妙在一字，古人以一字爲師，其法蓋源於杜甫與黃山谷。杜甫嘗云：「晚節漸於詩律細」，「語不驚人死不休」，而其詩作直至意深律細，始肯罷手。（徐居正東人詩話）

△我伯氏文安公（成任）常與仲氏（成侃）論杜，而作詩多得杜體，余亦少得受杜詩於伯氏，拘於舉業，半途而廢，至今恨其不全也。（成俔慵齋叢話卷七）

△蕭條霜雪滿脩途，慘惔風雲屬老儒，杜甫常懷憂國志，賈生重上治安書。（俁將赴春官途中自嘲）

△人生作詩不必多，只要傳遠，如柳子厚能幾首詩？萬世不能磨滅。僕曰：「老杜遣興詩，謂孟浩然『賦詩何必多，往往凌鮑謝』，正爲此也。」（南孝溫秋江冷話）

△牧老詩「寄懷雲藹藹，乘興夜沉沉」，雲藹藹謂詩，夜沉沉謂酒，此用古人語法。「停雲藹藹」出陶靖節停雲詩，故云「雲藹藹謂詩」，又杜少陵醉時歌云：「清夜沉沉動春酌」，故云夜沉沉爲酒。而皆古人語法也。（曹仲謏聞鎖錄）

△僧泰齋遊城西律詩「苦被風光惱容思，林藜徐步郡城西，柳垂一岸吟春鳥，花覆千家響午雞」云云，此學杜而剽竊其句也。（同前）

△僧義砧，號月窗，泰齋所從學杜詩者，柳參議允謙傳於父泰齋，世稱能通杜詩，成廟嘗令以諺文註解杜詩，間有迂曲處，此月窗之所傳歟，泰齋遊城西律詩，律詩云：「若被風光惱客懷，杖藜徐步郡城西，柳垂一岸吟春鳥，花覆千家響午雞」云云，此學杜而剽竊其句者也。（曹仲謏聞瑣錄）

△余少時，士子學習古詩者，皆讀韓詩東坡，其來古矣。近年士子以韓蘇爲格卑，棄而不讀，乃取李杜詩讀之。（沈守慶遺閒雜錄）

△藕齋相國之詩，專學老杜，純正老雅（權應仁、松溪漫錄）

△杜詩自天題處濕，當夏草來清。自天，當夏等字，自經傳中來，詩中使經傳中字，古有其法，僕贈魚學官叔權詩曰：「詩壇我屈奔而殿，酒社君尊酌則光」；此所謂學步邯鄲者也。（權應仁松溪漫錄）

△不分二字，中國方言也。分與嗔同，不分即怒也，猶言未嗔其怒，而含蓄在心也，老杜詩「不分

桃花紅勝錦，生憎柳絮白於棉」，生憎即憎也，亦方言也。不分既方言，故以生憎對之，東坡詩「不分東君專節物」，亦謂此意也。（魚叔權稗官雜記）

△古之論者，以子美爲出於靈運，太白爲出於明遠。子美固有依形而立者，若太白天仙也，如優曇缽花，變形於空中，特其資偶與明遠相類耳。（申欽晴窗軟談）

△杜詩，古人比之周公製作，誠的論也。後之學杜者，不善則陷於俗，流拙，甚則木強不可讀，韓文亦然。（申欽晴窗軟談）

△尹滄洲壬子秋贈別詩：「……追隨應久廢，別離那可數，贈言欲效古，我才非李杜，徘徊不忍別，秋風動江浦……。」（尹根壽月汀謾錄）

△尹相國春年有詩鑑，見先君一律曰：「君應讀盛唐詩，必老杜也。」先君曰：「然，余方致力於杜詩。」其詩曰：「渡江經乘醉宿江城，白月千峰照，春鵑一夜鳴，水村殘夢罷，山郭旅魂驚，望帝春心托，孤臣再拜情，其後讀唐詩鼓吹，作詩示之，尹公曰：「此有晚唐氣味，必唐詩鼓吹也」，先君又讀杜詩，尹公見所作詩曰：「此又有盛唐音律，必讀杜詩也。」所言皆中，先君敬服……。（車天輅五山說林）

△玄湖瑣談以五山比之於杜甫：「粟谷擊節稱賞，全清陰亦稱『五山詩高處，雖老杜無以過之，如『餘寒冰結失江聲』之句，今人何嘗道德』」（任璟玄湖瑣談）

△盧蘇齋送客而醉後所作「秋風乍起燕如客，晚雨暴過蟬若狂」，似有神助。杜詩云：「秋燕已如

客」，乃用此也。（李睟光芝峰類說）

△朴民獻公有名當世，於詩全學杜老。（同前）

△子美著心辛苦，緣詩致瘦可想，以詩中之聖，必構草筆削，不敢等閒作一語，況後人下此且千百倍，而欲隨意揮灑者，雖快於一時，其於傳後也何如？」（柳夢寅於于野譚）

△詩關風教，非直哦詠物色，古之采風者，采之而載之風雅，至唐時猶有此風，杜詩曰：「采詩倦跋涉，載筆尚可記」。（同前）

△詩雖細事，然古人出語，必期於傳，故少陵有「老去新詩誰與傳」、「清詩句句自堪傳」……。（同前）

△盧蘇齋詩，在宣朝初，最爲傑然，其沉鬱老健，莽宕悲壯，深得老杜格力，後來學杜者莫能及。（金昌協農岩集）

△我國詩當以李容齋爲第一，沉厚和平，淡雅純熟，其五言古詩，入杜出陳。（許筠惺叟詩話）

△朴守菴遊青鶴洞詩，深得杜、陳之髓。（同前）

△鄭湖陰杭州圖詩「湖舫客歸花與暝，蘇堤鶯擲柳陰濃」句，鶯擲二字，未知古有否也。余聞唐百家，充其名，有「林明露擲猿」之句，又杜詩樹雞柵詩曰：「織籠曹其肉，令人不得擲」，蓋擲者，跳擲也，足以破其疑。（梁慶遇霽湖詩話）

△盧蘇齋五言律，酷類杜法，一字一語皆從杜出，其「詩書禮樂末，四十九年非」之句，世皆稱

誦，實出於老杜詠月詩「羈栖愁裡見，二十四回明」，可謂工於依樣矣。（同前）

△李蓀谷詩「弄荷閒摘葉，臨水獨題詩」，以一語而成兩句，詩中之妙法，觀者詳之。余讀杜詩至「石欄斜點華，桐葉生題詩」，知蓀谷之工於襲取也。（同前）

△李東岳和金南窗詠月詩次韻「鉤沈剩劫潛蛟窟，弓掛偏驚睡鵲枝」云云，杜老對月詩云：「光射潛蛟動，明翻宿鳥嚬」，又王文之秋月詩曰：「冷濕流螢草，光凝睡鵲枝」，蓋東岳寫此兩句之語也。（同前）

△李東岳次登俛仰亭賦詩「西望川原何處盡，南來形勝此亭高」，下句隱然如杜老「海右此亭古」，語勢略似，可謂投以木瓜，報以瓊璩也。（同前）

△權石州詩，祖老杜襲簡潔齋語意至，句法軟嫩，一時能詩，人皆推以爲莫及，近世詩人之得盛名者，石洲爲最矣。（同前）

△自書契之作也，著述寖廣體裁區別，記載世變，昭示得失者，謂之史，陶冶性情，葉之管弦者，謂之詩。此二者不可混，亦不能兼也……歷數終古，究觀藝林，兼斯二美，一舉而兩至者，其唯唐杜甫氏詩史乎？……詩而史，史而詩，不經而得經之旨，持一藝而兼作者之長者，非吾杜甫氏詩史乎嗚呼、至矣，不可而加矣。（張維谿谷謾筆）

△詩有未可廢者，則杜詩，何可不讀。（張維杜詩諺多序）

△天之以是界人者，蓋欲成萬世之名耳，區區一時之窮達，有不足論者矣，故方其不遇於世，無出

人之名，服人之勢，憔悴困苦，卹然若不終日，故子美飢走荒山，浩然終於短褐，李賀夭折，陳師道凍死，其他懷才坎壈者，不可勝記，則世固以是爲窮也。（張維谿谷謾筆）

△五言排律，始見於初唐，而杜子美爲一百韻，麗朝李相國奎報爲三百韻，至我朝疏菴任叔英爲七百韻……雖以老杜大手，尚止百韻，後世詩人，亦無如此大作，而疏菴如創之，可見其困廩之當也。（金得臣終南叢志）

△余嘗問於東溟君平曰：「子之詩於古可方何人？」君平笑曰：「李杜則不敢當，至於高岑輩或可比肩。（同前）

△東洲云：「先人詩尚摩詰，余詩尚杜陵」，其意蓋亦自多。（同前）

△盧蘇齋論語杜詩讀二千回……李東岳讀杜詩數千周。（同前）

△我朝之有權，李，如唐之李、杜，明之滄弇，而李之慕權，又如子美之於太白，元美之於于鱗。（南龍翼壺各詩話）

△李東溟詩，至若七言歌行，則彷彿李杜，我國前古所未有也。（同前）

△史稱杜子美爲歌詩，傷時撓弱，情不忘君，心憐其忠云，而其詩如「關中小兒壞紀綱，張后不樂上爲忙」，「但恐誅求不改轍，聞道嬖孽能全生」之類，指斥先朝當寧事，無所忌諱，未聞當時論其罪，以爲非也。鄭文學「六里青山天下笑，戶孫何事又懷王」之句，無論彼自詠史，使與朝家事？即令眞有譏諷意，亦與子美所云何異？（金萬里西浦謾筆）

△（權石洲）詩雖精麗，意致蕭索，比之少陵「江頭宮殿鎖千門，細柳新蒲爲誰綠」等語，豈不懸遠哉？（同前）

△李白洲少時，月沙使讀退之南山詩千遍，終不能準數而止，余謂南山詩固傑作，李杜詩不無尤勝者，何僅於此而千讀乎……？」（同前）

△竊謂自古文章大家，只有四人，司馬遷號愈之文，屈原之騷，杜甫之詩是也，是皆具四時之氣焉，不然不爲大家，史記之酷吏平準，昌黎之誌銘，楚辭之九章天問，子美之夔後，皆秋冬之霜雪。（同前）

△李杜齊名，而唐以來，文令左右袒者，杜居七八，白樂天、元微之、王介甫及江西一派等尊杜、歐陽永叔、朱晦菴、楊用修等右李、號退之，蘇子瞻並尊者也。若明弘嘉諸公，同亦並尊，而觀其旨意，率皆偏向少陵耳，詩道至少陵而大成，古今推以爲大家無異論，李固不得與也。（同前）

△詩家最忌剽竊，而古人亦多犯之……成獨谷之「清宵見月思親淚，白日看雲憶弟心」，用杜老「思家步月消宵立，憶弟看雲白日眠」之句……。（洪萬宗小華詩評）

△蓋人之情，悲憤積於中而無言，始發爲詩，不然無詩矣，蘇武、李陵、陶潛、謝靈運、杜甫、李白激於不能自己，故其詩爲百代法。（洪萬宗、澹齋居士詩序）

△鄭東溟出於晚季，能知有漢魏古詩，樂府爲可法，歌行長篇、步驅李、杜。（金昌協農岩雜識）

△唐之杜律，宋之陸律，即律家之大匠，況少陵稷契之志，放翁春秋之筆，千載之下，使人激昂，不可但以詩道言之。（正祖李亨運杜陸千選序）

△杜陵之近體，爲古今冠者，以其有雄渾處雄渾，澹宕處澹宕，謹嚴處謹嚴，而然也。（杜律分韻序）

△杜甫詩，理致事實俱備，一代之史也。（同前）

△詩必以李杜齊名，千載之下，優劣尚無定論，而欲學得杜，似有依據，是知李不如杜也。（同前）

△澤榮於文，好號蘇歸太僕，而學之未能，於詩必好李杜號蘇……。（金澤榮韶護堂集）

△李益之少時學杜詩於湖陰。（許筠惺叟詩話）

△盧蘇齋五言律酷類杜法，一字一語皆從杜出，其「詩書禮學末，四十九年非」之句，世皆傳誦，實出於老杜詠月詩「羈栖愁裡見，二十四回明」，可謂工於依樣矣，杜詩長律，縱橫雄宕，不可學，而能之，故蘇黃兩陳俱不敢倣其體，而蘇齋欲力追之，難矣哉……。（梁慶遇・霽湖詩話）

△余於丙子亂中，有「晝常聞野哭，夢亦避胡兵」之句，澤堂詠歎謂余曰：「君詩極有杜格，讀杜幾許耶？有文章局量，須勉之」，時余方讀杜詩，若澤堂，可謂有明鑑也。（金得臣・終南叢志）

△……聖明之治，本之禮樂，而成均教胄，以樂爲先，詩亦樂教中一事，詩教弛而求「三百篇」遺

意，於後世能言之士，惟杜甫陸游近之，律尤其聖也。（杜陸千選跋文正祖）

△爲詩清嚴簡淡，類其爲人，少嘗學杜詩……。（退溪先生言行錄卷五）

△杜陵夢李白詩「楓林青」、「關塞黑」，魂來喜其至，故云「楓青」、言景色蕭爽也。「魂返」傷其去，故云「塞黑」，言氣象愁慘也。其曰：「何以有羽翼」，以其方在罪籍，而忽然至此，故且喜具怪，而問之云：「何以有羽翼」，非謂見放也。（同前）

△杜詩夏日李公見訪，其曰：「水花晚色靜，庶足充淹留」，充猶備也，淹留謂客之延留也，蓋家貧無物，以奉客之歡，惟「水花晚色靜」，此景可以資客之翫娛，則是以此物備客之淹留，而使之不去也，充字下得好。（同前）

△杜佳人詩云：「夫婿輕薄兒，新人美如玉」，又云：「但見新人笑，那聞舊人哭」，而係之以泉情濁之句，可知是夫婿之情，因所遇而變化無常，當舊人之時，其德良善，及新人之時，其心淫僻，此佳人之所以傷歎也，中間「合昏」，鴛鴦之云，乃冷言，物亦如彼人於夫婦，其可輕乎之意耳？（同前）

△杜哀江頭詩「江水江花豈終極」，言有情者，有淚以沾臆，猶可自洩，彼江水江花之無情者，初無淚霑之洩哀，悲恨之意，心豈有終極，猶「感時花濺淚，恨別鳥驚心」之類，因人心之甚悲，而備無人之物，以極言之耳。（同前）

△杜醉時歌「儒術何有哉」，註所引崔詳之言，殊無理，此乃杜詩蘇註之說，余舊讀杜詩，見所謂

蘇註多穿鑿杜撰，且其文字卑冗，絶不類東坡語，且其引用之人，姓名率多撰造，前世所無者，以是心竊疑其書，後見先仟已論蘇註非東坡所撰，不知何人托坡，以欺世云云，今此註崔樣，阮兢元無其人，且無此兩說，註者杜撰以誣人，可謂無忌憚之甚，而註古文前集者，又取而傳之，其亦踵謬而不審於授證矣。（同前）

△杜王宰畫山水歌「能事不受相促迫」，蓋以人於能事，得於心，而應於手，神全而守固，不爲外物所動，而後乃入於妙，況受人之欲速，而相催促乎？受人之迫促，則先失其心守，何能事之妙造，故云云，上文「十日一水，五十一石」，即其不受促迫之事也。（同前）

△杜洗兵馬行「三年笛裡關山月，萬國兵前草木風」，蓋言征夫見月聞笛，關山迢遞，懷鄉之情，爲如何哉？三年，言其久也，萬國兵威，如風之加於著木，蓋上句言其悲，下句言其壯，「時來不得誇身疆」，承上文，言汝等成功，皆時來遇主所致，不得妄自誇矜，以爲吾身疆勇所就也，號封惟不知此義，所以至於敗。（同前）

△杜偪側行，「偪側」如艱窘崎嶇之義，詩巷中所說「無馬而難行，借驢而泥滑」，思友欲徒步，則官長怒，買酒儆消愁，則苦無錢，皆偪側之事，「自從官馬送還官」，子美嘗爲拾遺，想騎官馬，律詩所謂「奉引濫騎沙苑馬」是也，及罷拾遺，則不復騎此馬，故云「官馬送還官，請急會通籍」，古之仕者皆置籍於官門，以考其出入，謂之會通籍，請急，言以有急事，請於籍之所而免朝也，如今朝官有故，不入朝，則呈病狀以免朝也，「焉能終日拳拳」，言何能如此，終日而

春春乎？謂不耐終日，長如此愁苦也。（同前）

△子美之所以集大成也，積深而好麗，豪縱而不羈。（東文選卷八十五）

△杜詩望嶽、「安得仙人九節杖，拄到至女洗頭盆」，讀杜詩愚得，拄到作拄倒，其注意以至女比楊妃，乃曰：「安得仙人九節之杖，拄倒楊妃女洗頭盆也」云，剡人單陽元，可謂愚也已。（車天駱五山說林草稿）

△杜詩「枇杷樹樹香」（田舍），說者以爲枇杷無香，誤也。余往日本也於一古寺，見一樹甚茂鬱，數丈以下，葉大而圓，其上葉脩而梢小狀，如檑葉，十月花盛開狀，如梨花，香氣酷烈，不風而聞數畝，老僧謂之盧橘，冬實至五月而熟，唐詩「盧橘花開楓葉衰」，相如上林賦「盧橘夏熟」信然。（同前）

△老杜杜鵑行，「業工竄伏深樹裡，四月五月偏號呼」，注不釋，余昔少時，曾見一書，杜鵑雛曰「業工」，今不記出自何書也。（同前）

△杜詩杜鵑行，「業工竄伏深樹裡」，業工蓋一字疊書，上加兩點，如工字樣，此所以傳訛也，「業工」即恐懼之義也，車天駱五山說林：「業工，杜鵑雛也，少時曾見一書，今不記」，可笑，今「事文類聚」作業業。（星湖僿說卷十論詩門）

△子美善寬，子美詩云：「入門聞號咷，幼子飢已卒，吾寧捨一哀，里巷猶嗚咽，所愧爲人父，無食致夭折，豈知秋禾登，貧窶有倉卒」（自京赴奉先叔詠懷五百字），極言困苦，殆於不能堪

也。又云：「生常免租稅，名不隷征伐，撫跡猶酸辛，平人固騷屑」，甫雖困苦如此，況在平民，有浚剝鋒刃之患，其騷屑固宜矣。凡人之情，每於憂患，必取上面勝己者來比，惟恨不能得比，殊不知下面又有不及己者存也，古語云：「德業觀前面人，名位觀後面人，如是存心，寧有不安份之理」，又云：「冉冉自超競競，得得見羈束，無貴賤不悲，無富貴亦足」，亦可謂善自寬矣。（星湖僿說卷十論詩門）

△杜少陵洗兵馬即頌功之作也，六韻必遞，至四遞而篇成，其體祖於李斯，按始皇本紀，其頌功之銘，凡六或兩句爲聯、或三句爲聯，莫不以六韻爲式，意者頌者，必將被之管絃，爲聲樂「則其節拍之宜，必有如是，而後可者耳，其梁父及之，梁東觀三頌，皆兩遞韻，合十二聯，「瑯琊頌」四遞韻，前十八韻同音，後十八韻凡三遞，合六六三十六聯，而每六聯以皇帝字起語，則便是六遞韻也，惟「碣石頌」，前三聯九句，後六聯十八句，聯各二韻，則未有過六節者也，凡起句必有皇帝字，而此獨不然，亦恐有闕，而是何與他篇異例，其「會稽頌」二十四聯同韻，亦爲六卷，四也，少陵此篇，以詩例言之，凡四章，章十二句，斯足爲一代之雅樂，詩歌之準，顧無人看到此耳。（同前）

△……至於杜甫，即是句句氣力，字字精神，如衝車捌馬，方陽鉤連，但欠參伍機變之術，若三大篇，溶溶澌澌，無客議論，至八哀詩，亦恐有累句間之，只是江漢之大，腐嵤不卹也。（同前）

△盧註杜律，偶因課兒，閱虞伯生杜律註，多錯解，略舉一、二，其江上值水第二聯，謂衰老與少

壯不同，詩篇只漫興而已，雖值花鳥之佳麗，不須愁苦摸索也，以愁屬之花鳥，語脈不著矣。（同前）

△子美生之盛唐，能抉剔障塞，振起頹風，沉鬱頓挫，力去淫艷華靡之習，至於亂離奔竄之際，傷時愛君之言，出於至誠忠憤激烈，足以聳動百世，，其所以感發微創人者，實與之百篇相爲表裡，而指事陳實，號稱「詩史」，則豈後世嘲風詠月，刻削性情者之所可擬議耶？然則，聖上之留意是詩者，亦孔子刪定三百篇之意，其嘉惠來學，挽回詩道也，至矣，噫，三百篇一刪於孔子而大明於朱氏之輯註，今是詩也，又因聖上而發揮焉，學詩者，苟能模範乎此，臻無邪之域，以抵三百篇之藩垣，則豈徒制作之妙，高出百代已邪？我聖上溫柔敦厚之教，亦將陶冶一世，其有補於風化也，爲如何哉。（杜詩諺解曹傳偉序）

△……竊觀子美，博極群書，馳騁古今，以倜儻之才，懷匡濟之志，而值干戈亂離之際，漂泊秦隴、夔峽之間，羈旅艱難，忠憤激烈，山川之流峙，草木之榮悴，禽鳥之飛躍，千彙萬狀，可喜可愕，凡接於耳，而寓於自者，雜然有動於心，一於詩焉發之，上自朝廷治亂之跡、下至閭巷細碎之故，咸包括而無遺……謂之「詩史」，不亦可乎。而其愛君國之誠，充積於中，而發見於詠歎之餘者，自不容掩，使後之人有以感發，而興起焉，此所以羽翼乎三百篇，而爲萬代之宗師也。……諷詠以挹其膏馥，涵濡以探其閫奧，而必於稷，契許其身，而以「一飯不忘君」爲其心，則子美庶幾可學，而辭語之妙，聲律之工，特其餘爾，……若夫馳騖於風雲月露之狀，而求

工於片言隻字之間而已，則其學子美亦淺矣，豈聖上所以開示學者之意耶？（金訢翻譯杜詩序，顏樂堂集卷二）

△……詩至杜少陵，古今之能事畢矣，庀材也，極其博，用意也，極其深，造語也，極其變，古人謂「胸中無國子監，不可看杜詩，詎不信歟……詩有未可廢者，則杜詩，何可不讀……重刊而廣布，使學詩者，戶藏而言誦之，以稗聖朝温柔敦厚之教，此誠觀民風者，所宜先也……。」（張維重刊杜詩諺解序）

△後世詩律，當推杜工部爲孔子，蓋其詩之所以冠冕百家者，以得三百篇遺意也，三百篇者，皆忠臣教子，烈婦良友，惻怛忠厚之發，不愛君憂國，非詩也。不傷時憤俗，非也，非有美刺勸懲之義，非詩也，故志不立，學不醇，不聞大道，不能有致君澤民之心者，不能作詩，汝其勉之。（丁若鏞，與猶堂全書卷二〇詩文集又示家兒）

△杜詩，用事無跡，看來如自作，細察皆有本，所以爲聖，號退之詩，字法皆有本，句語多其自作，所以爲大賢也，蘇子瞻詩，句句用事，而有痕有跡，瞥看不曉意味，必也左考右檢，採其根本，然後僅道通其義，所以爲博士也，此事可爲者多，何可爲此乎？然全不用事，吟風詠月，譚棋說酒，苟能押韻者，此三家村裡村夫子之詩也，此後所作，須以用事爲主。（同前）

△破閒集只載本朝詩，然言詩不及杜，如言儒不及夫子，故編末略及之。（崔滋補閒集）

△……獨杜工部兼衆體，而時出之高風絶塵，橫蓋古今。（李穡牧隱集）

△余之同於子美者，豈止於一事而已耶！貧寒一同也；羸瘦二同也；遭亂困境三同也；輕於言事之取因四同也；自許太過，爲人所笑五同也。至於戀君憂國，一飯不忘之忠，則雖不敢自謂同，而亦不敢自謂不同也；所不同者，惟文章照千古，光焰萬丈長耳。（鄭經世愚伏集卷一）

△宇宙詩宗杜少陵，風流千載有雲仍，城南閥閱諸親隔，海外聲名走卒稱……。（鄭經世愚伏集卷一）

△昔杜子美緬思桃源，而歎其身世之拙，彼豈眞寄想於荒唐之說，以爲必有，而欲往從之。蓋因世亂流離，思適樂土，聊以寓言之耶？（李重煥擇里志序）

△古之賤婦，遇詩人而垂名不朽者，因多有之。黃四娘之於子美；柳妓之於義山；商婦女於樂天，國香之於魯直是也。豈非風流一奇事。而爲四婦之大幸也。（魚叔權稗官雜記）

△杜詩集序云，子美在當時，名亞李白，又少白十餘歲，而生平知者亦鮮，于是子美之名，燁燁與緯耀流輝，而業辭藝者宗之，余謂子美之文章，猶待後人而顯，況今世之士乎!?（李睟光芝峰類說）

△每讀老杜簡齋詩，一家飄泊之狀，令人隕淚。（鄭經世愚伏集卷十三）

△如杜詩：「讀書破萬卷，下筆如有神」，歐陽子從三上覓之，而晚唐之士，積功夫……是故邵子、周子，亦未免於好詩，而朱文公晚年，好積杜詩……。（南孝溫秋江冷話）

△丙子歲，余奉使北京，卧病經冬，見文山集杜二百首，皆奇絶襯著，若子美爲文山而作也。余亦

試爲之，不雜他詩，專集杜爲絶句，謂之文山體，前後並二百餘首。長篇短律，間或爲之，雖未知覩著與否，而可免人之致疑，如林崔也。（金堉潛谷先生遺稿卷二）

△李白古詩飄逸難學，杜詩變體，性情詞意古今爲最。記行及使別等作，分明可愛者，不可不熟讀摹襲以爲準的，其大篇如八哀等作，非學富才博不可學，亦非詩之正宗，姑舍之。（學詩準的）

△律詩非古也，而後世詩人專用是鳴世，而古詩晦矣。今當於平居述懷敘事等作，以五言小篇發之，此則不待習作可效也。日用酬應，則專用律詩不可已也。然唐以下律詩百家浩汗，必須精選熟讀。又必多所習作，可以諧邊音韻，名世擅場可期也。初唐則沈宋之流，若干篇可以抄覽，盛唐則王孟青蓮近於古詩，不可學也。高、岑、李崔若干篇可觀，所當專精師法者，無過於杜爲先，熟讀吟諷，然其横逸難晦之作，不可學，專取其精細高邁者，以爲準的。（學詩準的）

絶句則律詩類也。五言絶則無出右丞，同時名作近於右丞者略取之，七言絶則初唐不可學，太白以下皆可取。晚唐絶句亦佳，並抄誦數百首以爲準的。七言歌行最難學，才高學賤者韋柳張王。如權石洲所學庶可企及，然未易學也。李杜歌行雄放馳騁，必須健筆博才，可以追躡，然初學之士，學之易於韋柳諸作，以其詞語平近故也。必不得已，姑學李杜，參以蘇黃諸作，以爲準的。（學詩準的）

△宋詩雖多，大家非學富不易學，非詩正宗不必學，惟兩陳律詩近於杜律者，時或參看大明詩，惟李崆峒善學杜，時與杜詩參看（學詩準的）

△近代學詩者或以韓詩爲基，杜詩爲範，此五山東岳所教也。石洲雖終學唐律，初亦讀韓崔孤竹，末年才涸氣萎，亦讀韓詩。吾雖學淺，殊不欲讀韓，既被諸公勸誘，熟觀一遍，其律絶固唐格也，不妨與杜詩並看。（學詩準的）

△杜子美寄韓諫議詩，舊註謂韓好神仙，此特以本詩語意附會，非有所據也。錢牧齋以爲一篇皆爲李鄴侯作，獨末句屬意於韓，以韓爲言官，欲其言之於天子也。其言明白痛快，眞得古人之心於千載之下，足稱後世子雲也。朱子論詩小序曰：如拾得無題目詩，說此花既白，又香盛，冬開花，必是梅花詩。當肅代時，帷幄之臣，有定長安之功，而不預國家成敗，處於洞庭瀟湘之間，餐楓香，學神仙，如張良之從赤松子者，非鄴侯而更有何人乎？每誦美人娟娟隔秋水，濯足洞庭望八荒之句，鄴侯之高風夾□怳如接眼，彼韓諫議者何足以當之？（西浦漫筆）

△事有善始而不能善終者，未見有不能始而能終者也。處置得宜而合於人心，則危可使安，亂可使治，一言一事之間，可以斜旋天下，而千智萬力方得以輸其功矣。比如千仞之上，百鈞之石，或運一指容易轉動，至於墮下坑谷，其勢沛然，雖有倚閣支遮，而趫健之士方可以售甚猛憨，向非一指之功，誰得以與有力哉？知此者，知天下之勢矣。論者以杜工部北征一篇爲詩史，不過以送兵驅馬爲據，猶未能覰其深奧。甫以唐之中興，專由於殺楊妃，殺妃之功歸於陳元禮。夫唐之亂，本由於楊妃，則不殺此物，無以慰天下之人心。當馬嵬之行，非元禮，其能辦此耶？故獨舉此爲言曰：微爾人盡非，于今國猶活。如李郭之偉烈，皆不得以與焉。豈非處置合機，而人得以

奏功耶？甫可謂讀中史斷。（星湖僿說卷二一）

△杜詩喜言馬，其意可知，物之遇時顯名，或入於天閑，或爲將相之用，騰驤蹙踏，舒氣展才，莫有馬若也。又或不與時會，而庸夫驅策鹽車峻阪，瘦骨峻嶒困死於路旁。孰知夫有躡雲高才追風逸足哉？是以伯樂一顧，羸馬仰首長鳴。子美之心，良亦悲矣。（星湖僿說卷一七）

△古今警絶句不多，如草堂江上云：功業頻看鏡，行藏獨倚樓。遣悶云：卷簾唯白水，隱几亦青山。陳補闕云：杜子美詩，雖五字，氣吞象外，殆謂此等句也。然白水之聯，用唯亦二字爲妙，欲味其妙，當悶中咀嚼。崔壯元基靜四時詞云：侵雪還萱草，占霜有麥花，自拈草堂語。吳先生世才自敍云：丘壑孤忠赤，才名兩鬢華，暗竊草堂格。皇祖初入金闉，奉使江南留題曰：雲霄茅下纔連茹，原隰蓬間忽斷根。詩人以爲與杜子美日月籠中鳥，乾坤水上萍，其琢句精工相似。或云此等句格，琢爲五字則絶妙，七言則未工。眉叟破閑云：古今琢句之法，唯杜少陵得之，如日月籠中句，吟咏果如啖蔗。陳補闕云：三年旅枕庭闈月，萬里征衣草樹風，未若草堂，三年笛裡關山月，萬國兵前草木風，語峭意深。李史館允甫平生嗜杜詩，時時吟賞干戈送老儒一句，曰此語天然遒緊，凡才固不得導。宋翰林昌問工部，九江春草外，三峽暮帆前，辭易意滑，儻可及導。史館笑曰：其語意豁遠，固非汝曹所識，如古墻猶竹色，虛閣自松聲，此工部尋常語體。古今幾人學杜體，而莫能髣髴，唯雪堂攲枕落花餘幾片，閉門新竹自千竿，其語格清緊則同，遺意閑雅過之，蓋有攲枕閉門之語耳。史館嘗與李翰林文順公宿安和寺留詩，翰林曰：癡興餘老木，

今古獨寒流。史館曰：改獨爲尚，則草堂句也。歸正寺壁題云：晨鍾雲外濕，午梵日邊乾，此奪工部，晨鍾雲外濕，勝地石堂　句也。於晨鍾言濕可警，於梵言乾疎矣，但對觸切耳，石堂句，是氣呑之類也。補閑只載本朝詩，然言詩不及杜，如言儒不及夫子，故編末略及之。凡詩琢鍊如工部，妙則妙矣。彼手生者，欲琢彌苦，而拙澀愈甚，虛雕肝腎而已。豈若各隨才局，吐出天然無襲錯之痕，今之事鍛鍊者，皆師貞肅公。李眉叟曰：章句之法不外是，如使吉人見之，安句不謂生拙也。（崔滋補閑集）

△白古文人相猜，若美人相　，甚至於必殺乃已。故宋之問殺薛道衡，奪空樑落燕泥之句，杜審言聞人勝己，如萬箭鑽心。至於少陵青蓮其平生情誼深厚，令人可感。嚴儀卿嘗有辨曰：少陵太白獨厚于諸公，詩中凡言太白十四處，至謂「世人皆欲殺，吾意獨憐才。」「醉眠秋共被，携手日同行。」「三夜頻夢君，情深見君意。」其情好可想。《遯齋閑覽》謂二人名既相逼，不能無相忌。是以庸俗之見而度賢哲之心也。予固不得不辨，羽公之見是也。（詩家點燈）

△李杜優劣，自古未定。元微之始尊杜，而韓昌黎兩尊之。自宋以後，無不尊杜。敖陶孫詩評以杜爲周制禮，不敢定議，此言是矣。而以李比劉安雞犬，無乃太輕且虛歟。或以杜贈李詩，重與細論文之細字，謂之輕視，而故下云，何其迂曲之甚歟。楊誠齋仙翁雅士之論史記漢書之比，莖尊李太顯矣。紫陽以聖歸之於李，則微意亦可知。而至明弇州，有兩尊之評，而少有右意。（南龍翼壺谷詩評）

△弇州評李杜曰：五言古、七言歌行，太白以氣爲主，以自然爲宗，以俊逸高暢爲貴；子美以意爲主，以獨造爲宗，以奇拔沈雄爲貴。味之使人飄揚，欲仙者，太白也；使人慷慨激烈，嘘欷欲絶者，子美也。五言律、七言歌行，子美神矣，七言律聖矣。五七言絶，太白神矣，七言歌行聖矣，五言次之。太白之七言律，子美之七言絶，皆變體，不足多法也。此誠不易之定論，而余猶有未釋然者，李杜之五言古，如古風紀行，可以相埒，而如杜之石濠吏、潼關使、無家別、新婚別、遺懷諸篇，李固不可敵。北征、赴奉先二長篇，又勝於憶舊遊王屋山人則五言杜實優矣，而不論於神聖之中。至若七言歌行，李之遠別離、蜀道難、天姥吟、憶秦娥諸篇，杜亦無可對，豈有神聖之别歟。（南龍翼壺谷詩評）

△魏泰之曰：唐人　馬嵬事，世稱劉白。劉云官軍誅佞幸，天子捨妖姬。白云：六軍不發無奈何，宛轉蛾眉馬前死。此乃歌祿山而天子不得已誅貴妃也。非特不曉文體，蓋失事君之體也。老杜則不然，北征詩曰：不聞夏殷衰，中自誅褒妲。乃明皇鑒夏殷，而畏天悔禍，賜妃子死，官軍何預焉？東坡云北征詩：識君臣大體，忠義之氣與秋色爭高，可貴也。余謂義山華清宮詩曰：未免被他褒女笑，只教天子暫蒙塵。蓋言褒姒能滅周，而玄宗不久便歸是，貴妃之傾城猶在褒姒下也。語雖不及於杜，而比劉白似勝。（龜磵詩話卷一〇）

△少陵下第留京師，依舊友而爲所捐棄，作貧交行曰：翻手作雲覆手雨，紛紛輕薄何須數。君不見管鮑貧時交，此道今人棄如土。噫！交道衰薄，人情難測，反掌之間，變態多端，此谷風詩所以

作也。時蘇端與薛復皆能詩，友善豪傑，多從之遊，少陵於端復筵作詩曰：文章有神交有道，端復得之名譽早。愛客滿堂皆豪傑，開筵上日思芳草云云。少陵於此尤不能無憾誦前詩，而歎舊友也。（南義采龜磵詩話卷十一）

△聶夷中公子行曰：漢代多豪族，思深益驕逸。走馬踏殺人，街吏不敢詰。是何等氣焰？李賀刺少年詩曰：有時半醉百花前，背把金丸落飛鳥。自說生來未爲客，一身美妾過三百。是何等行樂。杜子美少年行曰：馬上誰家白面郎，臨階下馬坐人床。不通姓字麤豪甚，指點銀瓶索酒嘗。是何等驕矜也。雖然唯恨魯陽死，無人駐白日，少年安得長少年，榮枯遞轉急如箭 則曩時之氣焰也，行樂也，驕矜也，皆安在哉？（龜磵詩話卷一二）

△志林云：子美自比稷契，人未必許也。然其詩曰：舉舜十六相，身尊道向高。秦時用商鞅，法令如牛毛。此自是稷契輩人口中語也。碧溪詩話云：孟子七篇論君與民者居半。余觀少陵窮年憂黎元等語，甚仁心廣大，異夫求穴之螻蟻，其得孟子之所有矣。東坡問畢仲游曰：少陵何如人？答云：似司遷，但能名其詩耳。余惟少陵似孟子者，蓋原甚心耳。余謂詩出性情，觀少陵生逢堯舜君，不忍便永訣。雖乏諫諍姿，恐君有遺失。故鄉門巷荊棘底，中原君臣豺虎邊，安得務農息戰門，普天無吏橫索錢等語，甚歎世傷時，愛君憂民之意，形於詞章，自比稷契，豈虛語哉？（龜磵詩話卷十四）

△李太白一斗百篇，援筆立成，杜子美改罷長吟，一字不苟。蓋亦互相譏嘲。李贈杜云：借問緣何

太瘦生，只爲從前作詩苦。杜贈李云：何時一樽酒，重與細論文？作詩苦之苦字，譏其困雕琢也，細論文之細字，譏其欠縝密也。蓋文章要在理意深長，辭語明粹，足以傳世覺後，豈但誇多門速於一時也。（龜磵詩話卷一四）

△詩家有所謂正格、偏格、十字格、假借格、扇對格，甚格不一。正格乃第二字仄入，如天上秋期近之類是也。偏格如四更山吐月之類是也。唐人多用正格，杜詩用偏格十無二三。十字格五言律，於對聯中以十字作一意，如唐詩：我家滾水曲，遙隔楚雲端，聊因送歸客，更此望鄉關是也。扇對格出於白金鉢，以第三句對第一句，以第四句對第二句，如杜詩：得罪台州去，時危弃碩儒。移官蓬閣後，穀貴没潛夫。李詩：吾憐宛淡好，百尺照心明。可謝新安水，千尋見底清。唐詩此類甚多。假借格如孟浩然詩：庖人俱雞黍，稚子摘楊梅。以雞對楊，杜子美詩枸杞因吾有，雞棲奈如何。以枸對雞。張子容詩樽開　葉酒，燈落九枝花。以　對九，佳矣。然庚肩吾詩：聊開栢葉酒，試奠五辛盤，蓋襲用此耳。詩格如此類者多矣。（龜磵詩話卷一四）

△唐玄宗見鄭虔書與畫詩稱爲三絶，時人號虔爲廣文，玄宗乃寘廣文館以虔爲博士。虔嘗於慈恩寺貯柿葉數屋，日取隸書。放翁學書詩曰：九月十九柿葉紅，閉門學書人笑翁。則放翁亦於柿葉隸字耳。按唐史虔以祿山反，陷賊中，僞授虔水部郎中，因稱風疾求攝，市令潛以密章達靈武，賊平，與王維等，並囚宣陽里，卒免死，貶台州司戶，老杜送之曰：鄭公樗散鬢如絲，酒後常稱老畫師。詩意蓋謂甚才不合於用且老矣，不過能飲能畫而已。又杜醉時歌曰：先生有道出羲皇，先

生有才過屈宋。德尊一代常轗軻，名垂萬古知何用？言雖才名而無用。而又曰：相如逸才親滌器，子雲識字終投閣。以子雲投閣書之，顯有譏諷之意。（龜磵詩話卷一四）

△東坡山谷皆有韓幹畫馬詩。按張彥遠名畫記：幹工畫，尤工鞍馬，初事曹霸，後自獨擅。王右丞一見其畫，推詡之。老杜丹青引贈曹霸云：弟子韓幹早入室，亦能畫馬窮殊相。幹唯畫肉不畫骨，忍使驊騮氣凋傷。以此詩看之，幹之畫骨不及於霸。東坡云：衆工舐筆和朱鉛，先生曹霸弟子韓。廄馬多肉尾睢圓，肉中畫骨誇尤難。山谷云：曹霸弟子沙苑丞，專作肥馬人笑之。李侯論幹，獨不爾妙，畫骨相遺毛皮。李侯時人稱工畫，即李伯時也。獨以爲幹畫骨云，故山谷云然。而畫記幹官大府寺丞，而此曰沙苑丞，欠考也。伯時居龍眠山，自號龍眠居士，即山谷所云李侯畫隱百僚底者也。（龜磵詩話卷一四）

△司馬溫公撰資治通鑑，以正統與魏以接乎。司馬氏蓋因襲陳壽之誤也。朱子於綱目特以正統與蜀漢，以正其失。老杜懷古一篇，可以見尊昭烈之義，其詩：蜀主窺吳幸三峽，崩年亦在永安宮，翠華想像空山裡，玉殿虛無野寺中云云。春秋法例：天子所寓曰幸，天子之殂曰崩，天子乘輿之蓋曰曰翠華，其尊昭烈爲正統，若春秋之法，而首稱蜀主，特因舊號耳。下篇又曰：運移漢祚終難復。其言漢祚則子美之帝蜀亦可見矣。世謂老杜詩以爲詩史者，良以是也。陳壽撰三國志凡六十五篇，時人稱其善敘事，有良史才，吾未知其信然。（龜磵詩話卷一五）

知見韓國杜工部關係書目

一　杜詩集

《杜詩諺解》初刊本，朝鮮集賢殿諸儒注譯，漢城：通文館，朝鮮成宗十二年（一四八一年）刊行。

《杜詩諺解》重刊本，朝鮮集賢殿諸儒注譯，漢城：大提閣，朝鮮仁宗十年（一六三二年）刊行。延世學圖書館藏本。

《纂註分類杜詩》，元高楚芳，朝鮮世宗十六年覆刻本，通文館所藏本。延世大學圖書館藏本。

《纂註分類杜詩》，元高楚芳，朝鮮成宗十五年覆刻本，李丙疇教授所藏本。延世大學圖書館藏本。

《纂註分類杜詩》，元高楚芳，朝鮮中宗十一年覆刻本，李丙疇教授所藏本。延世大學圖書館藏本。

《纂註分類杜詩》，元高楚芳，朝鮮光海君六年覆刻本，漢城大學校圖書館藏本。延世大學圖書館藏本。

《杜工部草堂詩箋》，宋蔡夢弼會箋，未詳覆刻年代，李丙疇教授所藏本。李魯謙先生藏本。

《集千家注杜工部詩史補遺》，宋黃鶴補註，未詳覆刻年代，李丙疇教授藏本。李魯謙先生藏本。

《虞註杜律》，覆刻明虞伯生，《杜工部七言律詩》本，朝朝成宗二年（一四七一年）覆刻，東國大學校藏本。

《讀杜詩愚得》，明單復，朝鮮燕山君七年（一五〇一年）覆刊，通文館所藏本。李魯謙先生藏本。

《趙註杜律》，明趙汸註，未詳刊行年代，李丙疇教授所藏本。

《纂註杜詩澤風堂批解》，朝鮮李植，朝鮮英祖十五年（一七三九年）七月刊行，李丙疇教授所藏本。

《杜陸千選》，朝鮮正祖御選，朝鮮正祖二十三年（一七九九年）刊行，李丙疇教授所藏本。

《杜詩諺解》，漢城：景仁文化社影印，一九七五年。

《須溪先生批點杜工部七言律詩》，刊年不詳，李魯謙先生藏本。

《杜律分韻》，正祖二十二年刊本，李丙疇教授藏本。

二　專　著

《杜詩諺解批注》，李丙疇，漢城通文館，一九五八年。

《杜詩諺解抄》，李丙疇，漢城通文館，一九五九年。
《杜詩諺解抄》，李丙疇，漢城集賢社，一九六五年。
《時調譯杜詩選》，梁相卿譯，漢城乙酉文庫，一九七四年。
《杜詩諺解》，李丙疇註解，高銀譯，漢城民音社，一九七六年。
《杜甫詩選》，李元燮譯，漢城正音社，一九七六年。
《杜甫詩選》，李漢祚編譯，漢城中央新書六八，一九八〇年。
《改編杜詩諺解鈔》，李丙疇，漢城集文堂，一九八二年。
《杜詩諺解講義》，全在昊，漢城學文社，一九八五年。
《杜詩選譯》，趙容萬，漢城高麗大學校出版部，一九八六年。
《杜詩研究》，李丙疇，漢城探究堂，一九七〇年。
《杜甫》，張基槿，漢城大宗出版社，一九七五年。
《杜詩의比較文學的研究》，李丙疇，漢城亞細亞文化社，一九七六年。
《韓國文學上의杜詩研究》，李丙疇，漢城二友出版社，一九七九年。
《杜詩研究論叢》，李丙疇編，漢城二友出版社，一九八二年。
《詩聖杜甫》，李丙疇，漢城文賢閣，一九八二年。
《杜詩諺解論釋》，全在昊，漢城宣明文化社，一九八五年。

《杜甫의生涯와文學》，김종윤，漢城關東出版社，一九七六年。
《사랑의詩人杜甫》，李丙疇，漢城二友出版社，一九七九年。
《李白、杜甫의生涯와思想》，張伯逸譯編，漢城弘新社，一九七九年。
《韓中詩의比較文學的 研究——李白、杜甫에대한受容相》，李昌龍，漢城一志社，一九八四年。
《杜詩諺解의國語學的 研究》，全在昊，漢城宣明文化社，一九七三年。

三 論 文

〈杜甫 研究〉，金載雨，《成均館大學校大學院碩士學位論文》，一九六五年。
〈讀杜詩說〉，李丙疇，《東岳語文論集》第六輯，一九六九年。
〈杜甫詩研究〉，李丙疇，《東岳語文論集》第十輯，一九七一年。
〈杜甫研究〉Ⅰ，殷富基，《全南大論文集》第二十一輯，一九七五年。
〈杜甫研究〉Ⅱ，殷富基，《全南大論文集》第二十四輯，一九七八年。
〈韓國詩文學에대한杜詩影響 研究〉，李昌龍，《成功館大學校大學院 博士學位論文》，一九八一年。
〈杜詩의背景辨證〉，金載雨，《全州大論文集》第十輯，一九八一年。

〈杜少陵考〉，尹芳烈，《서울女大論文集》第十一號，一九八二年。

〈潛谷金堉의「集杜詩」考〉，南潤秀，《中語中文學》第四輯，一九八二年。

〈杜甫，紀行詩의抒情性　研究〉（上）（下），元鍾禮，《東亞文化》第二十輯二十一輯，一九八二年一九八三年。

〈杜甫의論詩詩에관하여 —체재밎특깅적표현분〉，李鍾漢，《中國語文學》第八輯，一九八四年。

〈杜甫의社會詩　研究〉，김머채，淑明女子大學校《中文學報》第三輯，一九八五年。

〈杜詩理論〉，黃宣周，《漢城大學校大學院碩士學位論文》，一九八六年。

〈杜詩의溯源〉，李丙疇，《黃義敦、白性郁博士　回甲紀念論集》，一九八六年。

〈杜甫의社會詩研究〉，鄭在旭，《啟明大學校大學院碩士學位論文》，一九八七年。

〈杜甫對後世詩人的影響〉，徐鳳城，釜山外國語大學，《外大論叢》第五輯，一九八七年。

〈三家詩論：李白、杜甫、白居易、楊太眞을중심으로〉，李炳漢，漢城大學校，《文理大學報》第七卷第二號，一九五九年。

〈李白과杜甫의生涯〉，李丙疇，《語文學》十輯，一九六三年。

〈李白과杜甫의比較〉，柳晟俊，空軍士官學校，《하늘》第四卷第二號，一九六七年。

〈李杜詩說〉，車相轅，《中國學報》第六輯，一九七六年。

〈李白과杜甫의比較〉，李丙疇，《東岳語文論集》第九輯，一九七〇年。

〈李白과杜甫의比較論〉，李丙疇，《語文學》（學術研究報告書 七），一九七三年。

〈李杜元白의詩說〉上，車柱環《心象》二，一九七四年。

〈李杜元白의詩說〉下，車柱環《心象》二，一九七四年。

〈李杜優劣論索隱：郭沫若，「李白與杜甫」를 中心으로〉，李丙疇，《韓國學研究》一，一九七六年。

〈李白과杜甫의生涯〉，南潤秀，《清州大論文集》第十三輯，一九八〇。

〈杜甫、蘇軾、朱熹詩論에대한比較研究〉，元鍾禮，《誠心女大論文集》第十七輯，一九八五年。

〈李白과杜甫의詩歌上의交際에대한考察〉，郭利夫，《濟州大새마을연구논문집 第三輯，一九八六年。

〈七律「江村」에서본 杜甫〉，李丙疇，《自由文學》第四卷第七號，一九五九年。

〈杜甫「秋興八首」蕘解〉，李丙疇，東國大學校《論文集》，一九六四年。

〈杜詩에나타난鄉愁：秋興八首를중심으로〉，具壽榮，《韓國言語文學》第四輯，一九六六年。

〈杜甫의「憶李白」詩研究〉，具壽榮，《韓國言語文學》第八~九卷合輯，一九七〇年。

〈杜甫의「高都護驄馬行」考〉，尹光鳳，《복천심여택선생환기념논 》，一九八二年。

〈杜詩에나타난「劍器舞」考〉，尹光鳳，《東岳語文論集》第十六輯，一九八二年。

〈杜甫「八哀詩」探討〉，南潤秀，《漢文學論集》第一輯，一九八三年。

〈杜詩月夜考〉，黃宣周，《中國文學》第十三輯，一九八六年。

〈杜甫의「三吏、三別」考〉，박능제，東國大學校大學院　國語國文學科學生會，《國語國文學論文要旨集》第四輯，一九八七年。

〈杜甫「三吏、三別」考〉，이재하，《釜山産業大論文集》第八輯第一號，一九八七年。

〈杜詩「三吏、三別」의 時代的 進步性 에대하여〉，黃宣周，《中國語文字》第十五輯，一九八八年。

〈杜甫「秋興八首」考〉，全英蘭，大邱大學校　人文科學研究所，《人文科學研究》第七輯，一九八九年。

〈杜甫의生涯와藝術〉，金尚勳，《新朝鮮》，一九四七年。

〈杜詩의內容〉，李丙疇，《自由文學》四卷四號，一九五六年。

〈杜甫와그詩〉，李丙疇，《思想界》五卷一二號，一九五七年。

〈杜甫詩千二百年의感動〉，車相轅，《中央》三十，一九七〇年。

〈杜詩偶感〉，金允植，《現代文學》，一九七〇年四月。

〈杜詩東傳時期와諺解是非및春望詩에대하여〉，徐首生，《한메金永驥先生古稀紀念論文集》，一九七一年。

〈杜甫와山〉，禹玄民，《山》五五，一九七四年。

〈杜甫의詩世界〉，車柱環，《東亞文化》第十九輯，一九八一年。

〈杜詩의現代的의受容〉，金善鶴，《釜山女大論文集》第十三輯，一九八二年。

〈杜甫의紀行詩의抒情性　研究〉(下)，元鍾禮，《東亞文化》第二十一輯，一九八三年。

〈杜甫의故事詩　小考〉，殷茂一，《中國人文科學》第二號，一九八三年。

〈杜甫리얼즘의性格批判(I)—杜甫，唐朝基本論理關係研究　〉，金雲龍，《中國語文論集》創刊號，一九八四年。

〈杜甫의思想辨證〉，金載雨，《全州大論文集》第十三輯，一九八五年。

〈杜甫와사랑과家長의自存〉，李丙疇，東國大學校大學院國語文學科學生會，《國語國文學論文要旨集》第二輯，一九八五年。

〈杜詩諺解의註釋과翻譯에관한考察〉，池浚模，《藏菴池憲英先生古稀紀念論叢》一九七一年。

〈杜詩諺解聲調研究〉，朴鍾哲，《西江大論文集》，一九七五年。

〈杜詩諺解插入子音考〉，金相淑，《東岳論文集》第十五輯，一九八一年。

〈杜詩諺解의諺解史的　研究〉，鄭義順，《東岳論文集》第十五集，一九八一年。

〈朝鮮朝의杜詩集　刊行에관하여〉，섭경호，《仁荷大仁荷人文》第四輯，一九八五年。

〈《韓國詩話中有關杜甫及其作品之研究》〉全英蘭〈國立台灣師範大學國文研究所博士論文〉一九八九年

參考書目

中國部分

一、專　著

杜臆　王嗣奭　上海華書局
讀杜心解　浦起龍　里仁書局
杜詩詳註　仇兆鰲　漢京出版社
史記　司馬遷　藝文印書館
漢書　班固　藝文印書館
新唐書　歐陽修等　世界書局
唐會要　王溥　世界書局
全唐詩　清聖祖敕編　藝文印書館

中韓詩史　彭國棟　正中書局
中國文化對日韓越的影響　朱雲影　黎明文化事業公司
中韓文化論集第一輯　文化大學韓文系　華崗書局
韓中詩話淵源考　許世旭　黎明文化事業公司（作者是韓國人，但本書以中文寫作）。
杜甫詩研究　簡明勇　學海出版社
唐代詩人與在華外國人之文字交　謝海平　文史哲出版社
唐代留華外國人生活考述　謝海平　商務印書館

二、論　文

杜工部集源流　葉綺蓮　書目季刊
唐詩的傳入於韓國　羅香林　東方雜誌復刊一卷四期
新羅留學生與僧徒　嚴耕望　中韓文化論集第一輯
新羅以前的韓國漢文學　林明德　世界華學季刊第二卷第一期
韓國李朝初期的漢文學　林明德　世界華學季刊第二卷第二期
韓國的杜詩　李丙疇　大陸雜誌第二十二卷第五期（本文作者爲韓國人，以中文發表）
韓國詩話中有關杜甫及其作品之研究　全英蘭　師大國研所博士論文（本文作者爲韓國人，但本書以中文寫作）

中韓兩國活字印刷術之比較研究　曹炯植　台大圖書館研究所碩士論文（本文作者爲韓國人但本書以中文寫作）

韓文部分

一、專　著

三國遺事　釋一然　大東文化研究院
三國史記　金富軾　大東文化研究院
東國通鑑　徐居正　大東文化研究院
東史會綱　高麗史　鄭麟趾　東國文化社
李朝王朝實錄　國史編纂委員會　東國文化社
東文選　徐居正　太學社
詩話叢林　洪萬宗輯　亞細亞文化社
韓國民謠集　任東權　東國文化社
東國李相國集　李奎報　東國文化社
破閒集　李仁老　亞細亞文化社

補閒集　崔滋　大提閣
櫟翁稗說（高麗名賢集）　李齊賢　大東文化研究院
牧隱集（高麗名賢集）　李穡　大東文化研究院
東人詩話　徐居正　二友出版社
五山說林草藁　車天輅　慶熙出版社
慵齋叢話　成俔　慶熙出版社
顏樂堂集　金訢　建大出版社
宋子大全　宋時烈　斯文學會
星湖僿說　李瀷　慶熙出版社
退溪全書　李滉　大東文化研究院
青莊館全書　李德懋　漢城大古典刊行會
稗官雜記　魚叔權　慶熙出版社
芝峰類說　李睟光　景仁文化社
與猶堂全書　丁若鏞　景仁文化社
弘齋全書　正祖李亨運　太學社
孤山遺稿　尹善道　亞細亞文化社

西浦漫筆　金萬重　通文館
潛谷先生遺稿　金堉　大東文化研究院
農岩集　金昌協　景文社
洪軒外集　洪大容　景仁文化社
韓國史古代篇　李丙熹　乙酉文化社
杜詩的比較文學的研究　李丙疇　亞細亞文化社
杜詩研究論叢　李丙疇編　二友社
韓國文學上的杜詩研究　李丙疇撰　二友社
杜詩諺解批注　李丙疇批注　通文館
韓國詩文學에 대한杜詩影響의研究　李昌龍　成均館大學校大學院博士論文
杜詩諺解의國語學的研究　全在昊　宣明文化社
韓國漢文史　李家源　普成文化社

二、論　文

杜詩謹域傳來的時期及諺解的是非點　徐首生　金永驥先生古稀紀念論文集
杜詩諺解及諺解史的研究　鄭義順　東岳論文集
重刊杜詩諺解的板本問題　全在昊　杏丁李商憲先生回甲紀念論文集

日文部分

朝鮮發現の明刀錢とその遺跡　藤田亮策撰　日本京城帝國大學文學會論叢第七輯

杜詩流傳韓國考正誤表

頁	行	誤	正
二	一五	宜 諸君	宜刻諸石
一八	九～14	脫字	皐
一八	一〇	值千 運	值千岭運
一八	一二	霜雪 姿	霜雪臞姿
三五	一三	姿態生現	姿態出現
四三	七	韓之前後	三韓之前後
四五	四	手安末期	平安末期
四八	一四	當白無藉	當日無藉
四八	一六	不 江河	不廢江河
五〇	八	「涙遥年	「別涙遥年
五〇	九	杜甫別「	杜甫「
五一	一四	具漬餘膏	其漬餘膏
六二	一六	□馥殘骨	賸馥殘骨
六三	一五	書目我們	書的目錄中我們
六七	八	權 之仿	權譁之仿
八七	六	魯 編次	魯訕編次
九四	一一	一到八十五	七到八十八
九六	一三	不謀為合	不謀而合
九九	三	指 鷺而言	指鷗鷺而言
九九	八	指 鶴	指鷗鷺
九九	一五	龜 詩話	龜磵詩話
一〇〇	一一	西日□□	西日鸛鶴
一〇〇	一二	西□□	西鸛鶴
一〇二	五	洞庭 湘	洞庭瀟湘
一〇六	四	龜 詩話	龜磵詩話
一一九	一六	談談百篇	讀三百篇
一三〇	一二	□□懇懇	懃懃懇懇
一六一	五	立寒 滸	立寒[illegible]滸
一六六	一一	只見	可見